Lugn Kökning
Smakfulla Skapelser i Slow Motion

Emma Larsson

Innehållsförteckning

Chili Mac 10
Fläsk chili med grönsaker 12
sydvästra chile 13
Ytterfilet Chili 15
Chili med Rajas 16
Habañero peppar 18
Chile Rio Grande 19
Texas Hot Chili 21
Chili i italiensk stil 23
Mesquite kyckling chili 25
Poblano Chili Beef 26
Lätt tortilla chili 27
Tortillaklyftor 28
Texas tvåstegs chili 29
Chile Taco 30
Bakade tortillachips 31
Chili grädde 32
chili mullvad 34
Guacamole 35
Grön chile 36
Koriander och Chili gräddfil 37
Mexikansk chorizo 38
Mexikansk Chorizo Chili 39

Ost och vit Chile med röd tomatsås 40

röd tomatsås 41

ranch chili 42

Gul pumpa och Cannellini Bean Chili 44

Medelhavet i Chile 46

Chili med bönor 48

Svart och vit bönor chili 49

Chile med bönor och öl 51

Kryddad Bean Chili med Fusilli 52

Lins Chili med Bacon och öl 54

Grönsaks och lins chili 56

Vegetarisk svart och vit böna chili 57

Bönchili och sockermajs 58

Chili utan kött 59

Chile omelett 61

Sweet Potato Chipotle Chili 63

Grån Chili med färska tomater 64

Svarta bönor, ris och majs chili 65

Chilisås 66

Karibisk chili 67

Mangosås 69

Rostbiff med fettuccine 70

Rostbiff pepparrotsås 72

Sauerbraten 74

Rosta i gryta 76

kafferostning 77

Boeuf Bourguignon 78

grillat bröst 80
Grillade köttmackor 81
krydda rub 82
Flankstek fylld med svamp 83
Pot Bröst i öl 84
Biffflan fylld med grönsaker 86
Nötköttkarbonad 88
Rouladen 90
Rouladen i italiensk stil 91
Rouladen i grekisk stil 92
Stuvade revben 93
Kryddat nötkött med pepparrot 94
Enkel köttfärslimpa 96
Italiensk köttfärslimpa 98
Salt ostköttfärslimpa 100
Köttfärslimpa med chutney och jordnötter 102
Ägg och citronsås 104
Citronköttfärslimpa med ägg-citronsås 105
Sötsyrligt skinkbröd 107
Lätt kött med vin och grönsaker 109
fyllda kålblad 110
Florentinska köttbullar 112
Rigatoni med aubergine köttbullar 114
Aubergine köttbullar 115
Räkor med kronärtskockor och paprika 117
Räk- och okragryta 118
Kreolräkor med skinka 119

Cajunräkor, sockermajs och bönor 121

Räkor och korvgumbo 123

Pasta med färsk tomat och örtsås 124

Vinter grönsaksrisotto 125

Porcini Risotto 126

Broccoli och pinjenötsrisotto 128

Risi Bisi 129

Sommar grönsaksrisotto 130

Äggpaj med svamp och basilika 131

Grillad grönsaksbaka 133

Lasagne i lager 135

Pasta sallad med aubergine 136

Grönsakspasta Med Kryddor 137

Welsh Rarebit 139

Makaroner och tomatgryta 140

Penne med fyra ostar 141

Grönsaksgryta för valfri säsong 142

Chile med attityd 144

Grönsaksmix med Cobbler chili topping 146

Trädgårdsgryta 148

Vetebär med linser 149

Sötsyrlig pumpa med potatis 150

Vilda svampar med Cannellini 152

Grönsaksgryta med Bulghar 154

Vitlökslinser med grönsaker 156

Linser med kryddad couscous 158

Kryddad couscous 159

Svarta bönor och grönsaker gryta 160

Bön- och pumpagryta 162

Rejäla bönor och korn med spenat 163

Sötböngryta 164

Gryta med svarta bönor och spenat 165

Söta, kryddiga och kryddiga grönsaker och bönor 167

Vinterbönor med rötter 169

Kryddad tofu med grönsaker 171

Aubergine, paprika och okragryta 172

Italiensk grönsakstortellini med ost 174

Colombianska kikärter 175

Argentinska grönsaker 177

Bön- och makarongryta 179

Kikärter med rostad paprika och krämig polenta 180

Ratatouille med feta aioli 182

fetaost aioli 183

Curriedokra och sockermajs med couscous 184

Grönsakstagine 185

Spansk tofu 187

Blandade grönsaker med couscous 189

Afrikansk sötpotatisgryta 191

Vitlökskryddpasta 192

Grönsaksstroganoff 193

Kålragout med kunglig potatismos 194

Pumpa och potatisgulasch 196

Maple Oatmeal V 198

Flerkorns frukostflingor 199

Grov äppelmos 200
Kronärtskockor med falsk hollandaisesås 201
Simulerad Hollandaisesås 202
Sparris i italiensk stil och vita bönor 203
Franska bönor i grekisk stil 204
Östfranska bönor 205
Fransk böngryta 206
Supreme gröna bönor 207
Santa Fe bakade bönor 208
Toskansk bönbaka 209
Brazilian Black Bean Bake 210
Ginger bakade bönor 211
Dijonbetor 213
Rödbetor med honung 214
Sockerglaserad brysselkål och vårlök 215
Kål stuvad i vin 216
Gräddkål 217
Morotspuré med ingefära 218
Blomkål och fänkålspuré 219

Chili Mac

Denna chili behöver inga andra tillbehör, vilket gör den till en underbart enkel måltid i sig.

För 8 portioner

450 g/1 lb magert nötfärs

olja, att smörja

2 hackade lökar

1 hackad grön paprika

2 vitlöksklyftor, krossade

1-2 msk chilipulver, eller efter smak

2 tsk malen spiskummin

2 tsk torkad oregano

2 400g/14oz burkar hackade tomater

400g/14oz burk kidneybönor, avrunna och sköljda

175 g/6 oz tomatpuré

175 ml / 6 fl oz öl eller vatten

1 msk ljust farinsocker

1 msk kakaopulver

salt och nymalen svartpeppar efter smak

200g/7oz kokta armbågsmakaroner

50 g riven cheddarost

2 salladslökar, skivade

120 ml gräddfil

Koka nötfärsen i en stor, lätt smord stekpanna på medelvärme tills köttet är brynt, cirka 10 minuter, bryt upp det med en gaffel. Kombinera köttet och resten av ingredienserna, förutom salt, peppar, makaroner, ost, salladslök och gräddfil, i långsamkokaren. Täck över och koka på låg i 6 till 8 timmar. Vrid långsamkokaren till hög, tillsätt makaronerna och 120 ml/4 fl oz vatten och koka i 15 minuter. Smaka av med salt och peppar. Strö varje skål med chili med ost, salladslök och gräddfil.

Fläsk chili med grönsaker

Bladgrönt ger näring och färg till denna goda chili.

För 8 portioner

700g/1 ½lb magert fläskfärs

2 400g/14oz burkar bönor, avrunna och sköljda

2 400g/14oz burkar hackade tomater

1 hackad lök

½ tsk mald kanel

½ tsk malen spiskummin

½ – 1 tsk hackade chiliflakes

225g/8oz grönkål eller spenat, grovt hackad

salt och nymalen svartpeppar efter smak

Koka fläsket i en stor, lätt smord stekpanna tills det får färg, cirka 10 minuter, bryt upp det med en gaffel. Kombinera fläsk och resten av ingredienserna, förutom grönkål, salt och peppar, i långsam kokare. Täck över och koka på låg i 6 till 8 timmar, tillsätt grönkålen under de sista 20 minuterna. Smaka av med salt och peppar.

sydvästra chile

Om du inte har en jalapenopeppar, kommer en annan kryddig variant av peppar att vara bra.

För 8 portioner

450 g/1 lb magert nötfärs

olja, att smörja

2 hackade lökar

1 hackad grön paprika

2 vitlöksklyftor, krossade

1 jalapenopeppar, finhackad

1-2 msk chilipulver, eller efter smak

2 tsk malen spiskummin

2 tsk torkad oregano

2 400g/14oz burkar hackade tomater

400 g/14 oz burk svarta eller pintobönor, avrunna och sköljda

175 g/6 oz tomatpuré

175 ml / 6 fl oz öl eller vatten

1 msk ljust farinsocker

1 msk kakaopulver

salt och nymalen svartpeppar efter smak

50 g riven cheddarost

2 salladslökar, skivade

120 ml gräddfil

hackad färsk koriander, för att dekorera

Koka nötfärsen i en stor, lätt smord stekpanna på medelvärme tills köttet är brynt, cirka 10 minuter, bryt upp det med en gaffel. Kombinera kött och resten av ingredienserna, förutom salt, peppar, ost, salladslök och gräddfil, i långsam kokare. Täck över och koka på låg i 6 till 8 timmar. Smaka av med salt och peppar. Strö varje skål med chili med ost, vårlök, gräddfil och lite koriander.

Ytterfilet Chili

Denna superenkla chili innehåller magert, mört fläsk och färska tomater. Om du föredrar en mindre het chill, utelämna chilipulvret och använd bara färsk chili.

För 4 personer

450 g/1 lb sidfläsk, tärnad (1 cm/½ tum)
400 ml / 14 fl oz nötköttsbuljong
400 g/14 oz burk pintobönor, avrunna och sköljda
450 g plommon eller mogna tomater, skivade
2 jalapenos eller annan medium het chilipeppar, finhackad
1 msk chilipulver (valfritt)
1 tsk rostade spiskumminfrön
1 tsk Worcestershiresås
salt och nymalen svartpeppar efter smak

Blanda alla ingredienser, utom salt och peppar, i långsamkokaren. Täck över och koka på hög i 4 till 6 timmar. Smaka av med salt och peppar.

Chili med Rajas

Vissa hävdar att raja mirchi chili är den hetaste i världen!

För 8 portioner

2 lökar

700 g / 1½ lb magert köttfärs

2 400g/14oz burkar bönor, avrunna och sköljda

2 400g/14oz burkar hackade tomater

½ tsk malen spiskummin

1-2 msk chilipulver

½ – 1 tsk hackade chiliflakes

2 poblano chili, tunt skivad

1-2 msk olivolja

salt och nymalen svartpeppar efter smak

Finhacka en lök. Koka nötkött i en stor, lätt smord stekpanna tills det får färg, cirka 10 minuter, bryt upp med en gaffel. Kombinera med resten av ingredienserna, förutom olja, salt, peppar, chili och återstående lök, i långsam kokare. Täck över och koka på låg i 6 till 8 timmar. Finhacka den återstående löken. Koka chilin i olivolja i en stekpanna på medelvärme tills de är mjuka och löken karamelliserat, 15-20 minuter. Krydda köttblandningen efter smak med salt och peppar och chiliblandningen med salt. Toppa köttblandningen med chiliblandningen.

Habañero peppar

Byt ut jalapeñopeppar om du föredrar en mildare smak.

För 4 personer

100g/4oz fläskkorv, hölje borttaget

olja, att smörja

400 g/14 oz burk hackade tomater

400 g/14 oz refried bönor

1 stor lök hackad

1 medium grön paprika, hackad

¼ – ½ habanero eller annan het chili, hackad

1 msk chilipulver

1 tsk malen spiskummin

salt att smaka

250 ml/8 fl oz gräddfil

Koka korven i en liten, lätt smord stekpanna tills den fått färg, cirka 5 minuter, bryt upp den med en gaffel. Kombinera korven och resten av ingredienserna, utom salt och gräddfil, i långsam kokare. Täck över och koka på låg i 4 till 5 timmar. Smaka av med salt. Servera med gräddfil.

Chile Rio Grande

Mycket lök och en kombination av köttfärs och tärningar ger denna chili massor av smak och konsistens.

För 12 personer

450 g/1 lb magert nötfärs

900 g/2 lb magert fläsk, i tärningar (2 cm/¾ tum)

400 ml / 14 fl oz nötköttsbuljong

2 400g/14oz burkar kidneybönor, avrunna och sköljda

2 400g/14oz burkar hackade tomater

350 ml / 12 fl oz öl eller tomatjuice

100g/4oz grön chili från en burk, hackad

8 hackade lökar

6 vitlöksklyftor, krossade

25 g/1 oz chilipulver (valfritt)

1 msk mald spiskummin

2 tsk torkad oregano

salt och nymalen svartpeppar efter smak

1½ mängd koriander-chili gräddfil

Koka nötfärsen i en stor, lätt smord stekpanna på medelvärme tills den får färg, bryt upp den med en gaffel. Kombinera nötkött och övriga ingredienser, förutom salt, peppar och koriander-chili gräddfil, i en 5,5-liters/9½-pints slow cooker. Täck över och koka på låg i 6 till 8 timmar. Smaka av med salt och peppar. Servera med klick koriander-chili gräddfil.

Texas Hot Chili

Kryddig korv, paprika och massor av kryddor gör denna chili väldigt god.

För 8 portioner

350g/12oz kryddig fläskkorv, hölje borttaget
700 g/1½ lb magert nötkött, grovt hackat
400 g/14 oz burk hackade tomater
400 ml / 14 fl oz nötköttsbuljong
400g/14oz tomatsås från en burk
400g/14oz burk kidneybönor, avrunna och sköljda
400 g/14 oz kikärter, avrunna och sköljda
100g/4oz hackad grön chili från en burk, med vätska
1 stor lök hackad
1 jalapeño eller medium chili, hackad
2 matskedar hett chilipulver
½ tsk malen spiskummin
½ tesked koriander
1 matsked worcestershiresås med låg natriumhalt
salt och cayennepeppar efter smak
Tabascosås, efter smak

Koka korv och köttfärs i en stor, lätt smord stekpanna på medelvärme tills de fått färg, cirka 10 minuter, bryt upp med en gaffel. Kombinera nötkött och övriga ingredienser, förutom salt, cayennepeppar och Tabascosås, i en 5,5-liters/9½-pints slow cooker. Täck över och koka på låg i 6 till 8 timmar. Smaka av med salt, cayennepeppar och tabascosås.

Chili i italiensk stil

Kryddig pepperoni är ett underbart tillskott till fläsk och nötkött.

För 8 portioner

350g/12oz kryddig fläskkorv, hölje borttaget
600g/1lb 6oz magert nötfärs
100 g/4 oz skivad pepparoni
400 g/14 oz burk hackade tomater
400 ml / 14 fl oz nötköttsbuljong
400g/14oz tomatsås från en burk
400g/14oz burk kidneybönor, avrunna och sköljda
400 g/14 oz kikärter, avrunna och sköljda
1 stor lök hackad
2 matskedar hett chilipulver
1–1½ tsk torkad italiensk örtkrydda
1 msk Worcestershiresås
salt att smaka
cayennepeppar, efter smak
Tabascosås, efter smak

Koka korv och köttfärs i en stor, lätt smord stekpanna på medelvärme tills de fått färg, cirka 10 minuter, bryt upp med en gaffel. Kombinera nötkött och övriga ingredienser, förutom salt, cayennepeppar och Tabascosås, i en 5,5-liters/9½-pints slow cooker. Täck över och koka på låg i 6 till 8 timmar. Smaka av med salt, cayennepeppar och tabascosås.

Mesquite kyckling chili

Denna annorlunda och läckra Tex-Mex-rätt kommer att tilltala den äventyrliga!

För 4 personer

350 g/12 oz kycklingbröstfiléer utan skinn, i tärningar
2 400g/14oz burkar hackade tomater
400g/14oz burk kidneybönor, avrunna och sköljda
225 g/8 oz tomater, grovt hackade
2 små lökar, hackade
1 poblano chile, hackad
2 msk chilipulver
2 tsk finhackad vitlök
1 tsk mesquite rökarom
salt och nymalen svartpeppar efter smak

Blanda alla ingredienser, utom salt och peppar, i långsamkokaren. Täck över och koka på låg i 6 till 8 timmar. Smaka av med salt och peppar.

Poblano Chili Beef

Blandningen av nötfärs, mild chili och kryddor gör den till en snabbfavorit.

För 4 personer

450 g/1 lb magert nötfärs
400 g/14 oz burk hackade tomater
400g/14oz burk cannellinibönor, avrunna och sköljda
1 stor lök hackad
1 liten poblano chile eller annan mild chile, hackad
1 gren hackad selleri
39g paket chili kryddblandning
Tortillaklyftor (se höger)

Kombinera alla ingredienser, utom tortillaklyftor, i långsamkokaren. Täck över och koka på låg i 6 till 8 timmar. Servera med tortillaklyftor.

Lätt tortilla chili

Tortillachips ger crunch och textur här.

För 8 portioner

225 g/8 oz magert nötfärs
olja, att smörja
900 ml / 1½ pints nötbuljong
450g/1lb beredd medium eller mild sås
400g/14oz burkbönor, avrunna och sköljda
4 hackade lökar
175 g/6 oz sockermajs, tinad om den är fryst
1 tsk chilipulver
100 g/4 oz tortillachips, krossade
salt och nymalen svartpeppar
50 g riven cheddarost

Koka nötkött i en stor, lätt smord stekpanna på medelvärme tills det får färg, cirka 5 minuter, bryt upp med en gaffel. Kombinera nötkött, buljong, sås, bönor, lök, sockermajs och chilipulver i en 5,5-liters/9½-pints slow cooker. Täck över och koka på låg i 6 till 8 timmar. Tillsätt tortillachipsen. Smaka av med salt och peppar. Strö över ost.

Tortillaklyftor

Utsökt att ackompanjera mexikanska rätter.

För 4 personer som en sida

2 x 15 cm/6in mjöltortillas
25g/1oz chiliost, riven
25 g riven cheddarost
3 skivade gräslök
25g/1oz mild eller varm sås
gräddfil, att dekorera

Lägg tortillorna på en plåt. Strö över de kombinerade ostarna och gräslöken. Grädda i 230ºC / gas 8 / varmugn 210ºC tills kanterna på tortillorna är gyllenbruna och osten smält, 5-7 minuter. Skär varje tortilla i sex klyftor. Toppa var och en med 1 tsk sås och en liten klick gräddfil.

Texas tvåstegs chili

Fläsk och kalkon möts i denna enkla och goda rätt. Färsk koriander tillför en fängslande kryddighet.

För 4 personer

225 g/8 oz magert fläskfärs
225 g/8 oz malet kalkonbröst
8 gräslök, skivad
olja, att smörja
400 g/14 oz burk chilibönor, odränerad
450g/1lb tomater, hackade
1 liten jalapeño eller annan medium het chili, kärnad och hackad
salt att smaka
finhackad färsk koriander, för att dekorera

Koka fläsk, kalkon och salladslök i en stor, lätt smord stekpanna på medelvärme tills köttet är brynt, cirka 8 minuter, bryts upp med en gaffel. Kombinera köttblandningen och resten av ingredienserna, förutom salt, i långsam kokare. Täck över och koka på låg i 5-6 timmar. Krydda efter smak. Strö varje skål med soppa med färsk koriander.

Chile Taco

Majs kan hittas på etniska marknader eller från specialförsäljare, eller så kan du lägga till en burk cannellinibönor istället.

För 8 portioner

900g/2lb magert nötfärs
olja, att smörja
400 g/14 oz burk pintobönor, avrunna och sköljda
400g/14oz malen majs, avrunnen och sköljd
400 g/14 oz burk hackade tomater, odränerade
275g/10oz hackade konserverade tomater med chili, med juice
225 g/8 oz konserverad majs, avrunnen
1 stor lök hackad
2 stängor selleri, hackad
35g paket tacokrydda mix
1 pressad vitlöksklyfta
½ tsk torkad timjan
garnering: gräddfil, riven cheddarost, tacochips

Koka nötfärs i en stor, lätt smord stekpanna tills den fått färg, cirka 10 minuter, bryt upp med en gaffel. Kombinera köttet och resten av ingredienserna i slowcooker. Täck över och koka på låg i 6 till 8 timmar. Servera med garnering.

Bakade tortillachips

Gör dina egna tortillachips, det är väldigt enkelt.

För 6 personer som en sida

6 x 15 cm / 6 i majstortillas
grönsaksspray
en nypa mald spiskummin
en nypa chilipulver
en nypa torkad oregano
en nypa paprika
salt och cayennepeppar efter smak

Skär varje tortilla i åtta klyftor. Lägg i ett enda lager på en plåt. Spraya tortillas med matlagningsspray. Strö lätt över de kombinerade örterna, paprikan, salt och cayennepeppar. Grädda i 180ºC / gas 4 / varmugn 160ºC tills de är lätt gyllene, 5-7 minuter.

Chili grädde

En chili som är lite annorlunda, gjord på konserverad soppa!

För 6

450 g/1 lb kycklingbröstfiléer utan skinn, i tärningar (2 cm/¾in)

275g/10oz beredd grädde av kycklingsoppa

120 ml / 4 fl oz beredd tomatsås

1 hackad lök

3 hackad gräslök

½ hackad röd paprika

1 liten jalapeño eller annan medelvarm chili, kärnad och finhackad

2 vitlöksklyftor, krossade

100g/4oz hackad grön chili från en burk, avrunnen

1 msk chilipulver

½ tsk malen spiskummin

250 ml / 8 fl oz lättmjölk

salt och nymalen svartpeppar efter smak

50g/2oz Monterey Jack eller Cheddar ost, riven

Bakade tortillachips (se vänster)

Kombinera alla ingredienser utom mjölk, salt, peppar, ost och bakade tortillachips i slowcooker. Täck över och koka på låg i 6 till 8 timmar, tillsätt mjölken under de sista 20 minuterna. Smaka av med salt och peppar. Strö varje skål chili med ost. Servera med bakade tortillachips.

chili mullvad

Denna chili har de spännande smakerna av en traditionell mexikansk mullvad. Använd kyckling, fläsk eller nötkött, eller en kombination av alla tre köttet.

För 6

450 g/1 lb magert fläsk, putsad, tärnad
250 ml/8 fl oz kycklingbuljong
400 g/14 oz burk hackade tomater
400g/14oz burk svarta bönor, avrunna och sköljda
molsås
salt och nymalen svartpeppar efter smak
Guacamole (se nedan)
finhackad färsk koriander, för att dekorera

Blanda alla ingredienser utom salt, peppar och guacamole i långsam kokare. Täck över och koka på låg i 6 till 8 timmar. Smaka av med salt och peppar. Toppa varje skål chili med guacamole. Strö generöst över färsk koriander.

Guacamole

Traditionellt med chilirätter.

För 6 personer som en sida

1 mogen avokado, grovt hackad
½ liten lök, finhackad
½ jalapeño eller annan chili på medelvärme, kärnad och finhackad
1 msk finhackad färsk koriander
Tabascosås, efter smak
salt att smaka

Blanda avokado, lök, chili och koriander. Smaka av med tabascosås och salt.

Grön chile

Denna "gröna chili" är gjord med tomatillos, även kallade mexikanska gröna tomater. De finns tillgängliga på burk på etniska marknader och specialleverantörer.

För 8 portioner

450 g/1 lb benfritt magert fläsk, i tärningar (1 cm/½ tum)

900 ml / 1½ pints kycklingbuljong

2 400g/14oz burkar cannellinibönor, avrunna och sköljda

100–225 g/4–8 oz grön chili från en burk, tärnad

250 ml / 8 fl oz vatten

900 g/2 lb konserverade tomatillos, skurna i fjärdedelar

2 stora lökar, tunt skivade

6 till 8 vitlöksklyftor, hackade

2 tsk malen spiskummin

25 g/1 oz färsk koriander, hackad

Cilantro-Chili gräddfil (se nedan)

Kombinera alla ingredienser, utom koriander och koriander-chili gräddfil, i en 5,5-liters/9½-pints slow cooker. Täck över och koka på låg i 6 till 8 timmar. Tillsätt koriandern. Servera med koriander-chili gräddfil.

Koriander och Chili gräddfil

Gott till kryddiga rätter.

Serverar 8 som tillbehör

120 ml gräddfil
1 msk hackad färsk koriander
1 tsk hackad inlagd jalapeno eller annan medelvarm chili

Blanda alla ingredienserna.

Mexikansk chorizo

Detta är inte ett långsamt kokrecept, utan utgör grunden för många läckra rätter, som den nedan.

För 6

½ tsk korianderfrön, krossade

½ tsk spiskummin, krossade

olja, att smörja

2 torkade ancho chili eller andra medelvarma chili

700g/1 ½lb sidfläsk, finhackad eller hackad

4 vitlöksklyftor, krossade

2 matskedar paprika

2 msk cidervinäger

2 matskedar vatten

1 tsk torkad oregano

½ tsk salt

Koka koriander och spiskummin i en liten, lätt smord stekpanna på medelhög värme, rör om ofta, tills de är rostade, 2-3 minuter. Ta bort från pannan och ställ åt sidan. Tillsätt anchochilin i pannan. Koka på medelvärme tills den mjuknat, cirka 1 minut per sida, vänd chili ofta så att de inte bränns. Ta bort och kassera stjälkar, vener och frön. Finhacka. Blanda alla ingredienser, blanda väl.

Mexikansk Chorizo Chili

Chorizo kan användas i många mexikanska recept, eller formas till empanadas och tillagas som huvudrätt till middag.

För 6

Mexikansk chorizo (se ovan)
1 hackad lök
olja, att smörja
2 400g/14oz burkar hackade tomater
2 400 g/14 oz burkar pinto eller svarta bönor, avrunna och sköljda
salt och peppar efter smak

Koka mexikansk chorizo och lök i en stor, lätt smord stekpanna på medelvärme tills de fått färg, 8 till 10 minuter, bryt upp med en gaffel. Kombinera chorizon och resten av ingredienserna, förutom salt och peppar, i långsamkokaren. Täck över och koka på låg i 4 till 6 timmar. Smaka av med salt och peppar.

Ost och vit Chile med röd tomatsås

Denna vita chili görs extra krämig med tillsats av gräddfil och Monterey Jack eller Cheddarost.

För 8 portioner

700 g/1½ lb kycklingbröstfiléer utan skinn, i tärningar
2 400g/14oz burkar cannellinibönor, avrunna och sköljda
400 ml / 14 fl oz kycklingbuljong
100 g/4 oz tärnad grön chili från en burk, avrunnen
4 hackade lökar
1 msk finhackad vitlök
1 msk torkad oregano
1 tsk malen spiskummin
250 ml/8 fl oz gräddfil
225 g/8 oz Monterey Jack eller Cheddar ost, riven
salt och cayennepeppar efter smak
röd tomatsås

Kombinera alla ingredienser utom gräddfil, ost, salt, cayennepeppar och röd tomatsås i långsam kokare. Täck över och koka på låg i 6 till 8 timmar. Tillsätt gräddfil och ost, rör om tills osten smält. Smaka av med salt och cayennepeppar. Servera med röd tomatsås.

röd tomatsås

En fantastisk sås med en kryddig touch.

Serverar 8 som tillbehör

2 stora tomater, hackade
1 liten lök finhackad
1 grön paprika fint hackad
2 msk finhackad poblano eller annan mild chili
1 pressad vitlöksklyfta
2 msk finhackad färsk koriander
salt att smaka

Blanda alla ingredienser, smaka av med salt.

ranch chili

En rejäl chili med smaker av vilda västern. Definitivt en för killarna!

För 6

450 g/1 lb magert nötfärs

100g/4oz rökt korv, skivad

olja, att smörja

600 ml / 1 pint nötbuljong

250 ml öl eller extra nötbuljong

450g/1lb hackade tomater, odränerade

400g/14oz burkbönor med chilisås

400 g/14 oz burk pintobönor, avrunna och sköljda

1 hackad lök

1 hackad grön paprika

1 jalapenopeppar, finhackad

3 stora vitlöksklyftor, krossade

1 msk mald spiskummin

3 msk chilipulver, eller efter smak

1 tsk torkad oregano

salt och nymalen svartpeppar

gräddfil, att dekorera

Koka nötkött och korv i en smord stekpanna på medelvärme tills de fått färg, cirka 8 minuter, bryt upp med en gaffel. Kombinera med resten av ingredienserna, förutom salt och peppar, i långsam kokare. Täck över och koka på låg i 6 till 8 timmar. Smaka av med salt och peppar. Toppa varje servering med en matsked gräddfil.

Gul pumpa och Cannellini Bean Chili

Fullpackad med grönsaker och fläsk, denna livfulla chili är en god familjemåltid. Du kan använda gul zucchini istället för squash.

För 6

450g/1lb magert fläskfärs
olja, att smörja
1 liter / 1¾ pints kycklingbuljong
250 ml / 8 fl oz torrt vitt vin eller kycklingbuljong
100g/4oz torkade cannellinibönor
100 g/4 oz torkade kikärter
2 hackade lökar
1 hackad gul paprika
100 g purjolök, tunt skivad
175 g/6 oz gul sommarsquash, biffliknande, i tärningar
175g/6oz vaxartad potatis, skalad och tärnad
2 vitlöksklyftor, krossade
2 tsk finhackad jalapeño eller annan medelvarm chili
2 tsk spiskummin
1 tsk torkad oregano
1 tsk chilipulver
½ tsk mald koriander

½ tsk mald kanel

1 lagerblad

salt och nymalen svartpeppar efter smak

1 liten tomat, finhackad

2 salladslökar, tunt skivade

3 msk finhackad färsk koriander

Koka fläsk i en stor, lätt smord stekpanna tills det får färg, cirka 8 minuter, bryt upp med en gaffel. Kombinera fläsket och resten av ingredienserna, förutom salt, peppar, hackad tomat, salladslök och färsk koriander, i en 5,5-liters/9½-pints slow cooker. Täck och koka på låg tills bönorna är mjuka, 7 till 8 timmar. Smaka av med salt och peppar. Kasta lagerbladet. Strö varje skål med chili med tomat, salladslök och färsk koriander.

Medelhavet i Chile

Denna variant av ett standard chili recept är packad med hälsosamma grönsaker och baljväxter.

För 6

450 g/1 lb magert malet lamm- eller nötkött

olja, att smörja

1 liter / 1¾ pints kycklingbuljong

250 ml / 8 fl oz torrt vitt vin eller kycklingbuljong

100g/4oz torkade cannellinibönor

100 g/4 oz torkade kikärter

2 hackade lökar

1 hackad gul paprika

200g/7oz Kalamata eller andra svarta oliver, skivade

100 g purjolök, tunt skivad

175 g/6 oz gul sommarsquash, till exempel en biff eller gul zucchini, i tärningar

175g/6oz vaxartad potatis, skalad och tärnad

2 vitlöksklyftor, krossade

2 tsk finhackad jalapeño eller annan medelvarm chili

2 tsk spiskummin

1 tsk torkad oregano

1 tsk chilipulver

½ tsk mald koriander

½ tsk mald kanel

1 lagerblad

salt och nymalen svartpeppar efter smak

175 g/6 oz couscous

1 liten tomat, finhackad

2 salladslökar, tunt skivade

3 msk finhackad färsk koriander

6 matskedar smulad fetaost

Koka lamm eller nötkött i en stor, lätt smord stekpanna tills de fått färg, cirka 8 minuter, flaga med en gaffel. Kombinera kött och resterande ingredienser, förutom salt, peppar, hackad tomat, salladslök, färsk koriander, couscous och fetaost, i en 5,5-liters/9½-pints långkokare. Täck och koka på låg tills bönorna är mjuka, 7 till 8 timmar. Smaka av med salt och peppar. Förbered couscous enligt anvisningarna på förpackningen. Kassera lagerblad från chiliblandningen. Servera chilin över couscousen och strö över varje portion med tomat, vårlök, färsk koriander och fetaost.

Chili med bönor

Denna enkla nöt- och kalkonchili är idealisk för att komma hem till i slutet av en hektisk dag.

För 8 portioner

450 g/1 lb magert nötfärs
450g/1lb finhackad kalkon
olja, att smörja
2 stora lökar, hackade
3 vitlöksklyftor, krossade
175 g/6 oz tomatpuré
550g/1¼lb örttomatsås från en burk
2 400g/14oz burkar bönor, avrunna och sköljda
2 msk chilipulver, eller efter smak
1 tsk torkad oregano
salt och nymalen svartpeppar efter smak

Koka köttfärs och kalkon i en stor, lätt smord stekpanna på medelvärme tills köttet är brynt, cirka 10 minuter, bryt upp köttet med en gaffel. Kombinera kött och resterande ingredienser, förutom salt och peppar, i långsam kokare. Täck över och koka på låg i 6 till 8 timmar. Smaka av med salt och peppar.

Svart och vit bönor chili

Denna chili är gjord av svarta bönor och cannellini och accentueras i smak och färg med soltorkade tomater.

För 4 personer

350 g/12 oz magert nötfärs

olja, att smörja

2 400g/14oz burkar hackade tomater

400g/14oz burk cannellinibönor, avrunna och sköljda

400 g/14 oz burk svarta bönor eller kidneybönor, avrunna och sköljda

2 hackade lökar

½ hackad grön paprika

15 g/½ oz soltorkade tomater (ej i olja), hackade

1 jalapeño eller annan medium het chilipeppar, finhackad

2 vitlöksklyftor, krossade

2-3 msk chilipulver, eller efter smak

1–1½ tsk mald spiskummin

1–1½ tesked torkad oregano

1 lagerblad

salt och nymalen svartpeppar efter smak

15 g/½ oz färsk koriander, finhackad

Koka nötkött i en stor, lätt smord stekpanna på medelvärme tills det får färg, 8 till 10 minuter, bryt upp med en gaffel. Kombinera kött och resten av ingredienserna, förutom salt, peppar och färsk koriander, i långsam kokare. Täck över och koka på låg i 6 till 8 timmar. Kasta lagerbladet. Smaka av med salt och peppar. Tillsätt färsk koriander.

Chile med bönor och öl

Denna chili är väldigt enkel att göra. Ölen tillför rikedom till såsen, som förbättras när den kokas under lång tid.

För 6

450 g/1 lb magert nötfärs

olja, att smörja

600 ml / 1 pint nötbuljong

250 ml öl

450g/1lb hackade tomater, odränerade

400g/14oz burkbönor med chilisås

400 g/14 oz burk pintobönor, avrunna och sköljda

3 stora vitlöksklyftor, krossade

1 msk mald spiskummin

3 msk chilipulver, eller efter smak

1 tsk torkad oregano

salt och nymalen svartpeppar efter smak

Koka nötfärs i en stor, lätt smord stekpanna på medelvärme tills den fått färg, cirka 8 minuter, bryt upp med en gaffel. Kombinera nötfärs och övriga ingredienser, förutom salt och peppar, i långsam kokare. Täck över och koka på låg i 6 till 8 timmar. Smaka av med salt och peppar.

Kryddad Bean Chili med Fusilli

Använd dina favoritbönor och pastaformer i denna mångsidiga chili.

För 8 portioner

450 g/1 lb magert nötfärs
olja, att smörja
2 400g/14oz burkar hackade tomater med vitlök
400g/14oz burk kikärter, avrunna och sköljda
400g/14oz burk kidneybönor, avrunna och sköljda
4 hackade lökar
100 g/4 oz svamp, skivad
1 stav selleri, skivad
120 ml / 4 fl oz vitt vin eller vatten
2 msk chilipulver, eller efter smak
¾ tesked torkad oregano
¾ tesked torkad timjan
¾ tesked mald spiskummin
225 g/8 oz fusilli, kokt
salt och nymalen svartpeppar efter smak
3-4 matskedar skivade gröna eller svarta oliver

Koka nötkött i en stor, lätt smord stekpanna på medelvärme tills det får färg, 8 till 10 minuter, bryt upp med en gaffel. Kombinera nötkött och övriga ingredienser, förutom fusilli, salt, peppar och oliver, i en 5,5-liters/9½-pints slow cooker. Täck över och koka på låg nivå i 6 till 8 timmar, tillsätt pastan under de sista 20 minuterna. Smaka av med salt och peppar. Strö varje skål med soppa med oliver.

Lins Chili med Bacon och öl

Lime, öl och bacon gör denna chili annorlunda och utsökt.

För 4 personer

750 ml / 1¼ pints nötbuljong
250 ml / 8 fl oz öl eller nötbuljong
75 g/3 oz torkade linser, sköljda
75 g/3 oz torkade svarta bönor, sköljda
1 medelstor lök hackad
3 stora vitlöksklyftor, krossade
1 msk finhackad jalapeño eller annan medelvarm chili
1 msk chilipulver
1 tsk malen spiskummin
1 tsk torkad rosmarin, krossad
225 g/8 oz konserverade hackade tomater
Saften av 1 lime
salt och nymalen svartpeppar efter smak
4 rashers bacon, kokt tills det är knaprigt och smulat

Kombinera alla ingredienser utom tomater, citronsaft, salt, peppar och bacon i långsam kokare. Täck över och koka på hög tills bönorna är mjuka, 5 till 6 timmar, tillsätt tomaterna under de sista 30 minuterna. Tillsätt limejuicen. Smaka av med salt och peppar. Strö varje skål chili med bacon.

Grönsaks och lins chili

Linser ger bra konsistens till denna näringsrika och tillfredsställande köttfria chili.

För 4 personer

1 liter / 1¾ pints grönsaksbuljong
250 ml / 8 fl oz vatten
400 g/14 oz burk hackade tomater
130 g/4½ oz torkade bruna linser
100 g majs, tinad om den är fryst
2 hackade lökar
1 röd eller grön paprika, hackad
1 liten morot, skivad
½ stav selleri, skivad
1 pressad vitlöksklyfta
½ – 1 msk chilipulver
¾ tesked mald spiskummin
1 lagerblad
salt och nymalen svartpeppar efter smak

Blanda alla ingredienser, utom salt och peppar, i långsamkokaren. Täck över och koka på låg i 6 till 8 timmar. Kasta lagerbladet. Smaka av med salt och peppar.

Vegetarisk svart och vit böna chili

Vita och svarta bönor ger denna vegetariska chili en attraktiv konsistens och utseende. Dess varma smak kommer från rostade spiskummin.

För 4 personer

450 ml / ¾ pint tomatjuice
250 ml/8 fl oz grönsaksbuljong
2 msk tomatpuré
400g/14oz burk svarta bönor, avrunna och sköljda
400 g/14 oz burk cannellini eller gröna bönor, avrunna och sköljda
1 hackad lök
1 mjuk chili, kärnad och finhackad
1 tsk paprika
1 tsk rostade spiskumminfrön
50g/2oz vildris, kokt
salt och nymalen svartpeppar efter smak

Blanda alla ingredienser utom vildris, salt och peppar i långsam kokare. Täck över och koka på låg i 6 till 8 timmar, tillsätt vildris under de sista 30 minuterna. Smaka av med salt och peppar.

Bönchili och sockermajs

Denna lätta chili är riktigt kryddig! För en mindre kryddig version, ersätt chilibönorna med en burk avrunnen och sköljd pinto eller kidneybönor.

För 4 personer

400 g/14 oz burk chilibönor
250 ml/8 fl oz grönsaksbuljong
400 g/14 oz burk hackade tomater
1 hackad grön paprika
100 g majs, tinad om den är fryst
1 hackad lök
2 vitlöksklyftor, krossade
1-3 tsk chilipulver
salt och nymalen svartpeppar efter smak

Blanda alla ingredienser, utom salt och peppar, i långsamkokaren. Täck över och koka på låg i 6 till 8 timmar. Smaka av med salt och peppar.

Chili utan kött

Mångfalden av pålägg gör denna chili rolig att servera; Lägg även till andra pålägg, som hackad paprika och tomater och hackad färsk oregano eller färsk koriander.

Serverar 6 till 8

6 400g/14oz burkar hackade tomater
400g/14oz burk kidneybönor, avrunna och sköljda
175 g/6 oz tomatpuré
175 ml / 6 fl oz öl eller vatten
350g/12oz Quorn eller sojafärs med nötköttsmak
2 hackade lökar
1 hackad grön paprika
2 vitlöksklyftor, krossade
1 msk ljust farinsocker
1 msk kakaopulver
1-2 msk chilipulver
1-2 tsk mald spiskummin
1-2 tsk torkad oregano
¼ tesked mald kryddnejlika
salt och nymalen svartpeppar efter smak
toppings: riven ost, gräddfil, tunt skivad vårlök

Kombinera alla ingredienser, utom salt och peppar, i en 5,5-liters/9½-pint långkokare. Täck över och koka på låg i 6 till 8 timmar. Smaka av med salt och peppar. Servera med dressingarna.

Chile omelett

En smakrik tomaträtt beströdd med tortillachips.

Serverar 6 till 8

6 400g/14oz burkar hackade tomater

400 g/14 oz burk svarta eller pintobönor, avrunna och sköljda

175 g/6 oz tomatpuré

175 ml / 6 fl oz öl eller vatten

350g/12oz Quorn eller sojafärs med nötköttsmak

2 hackade lökar

1 jalapeño eller annan medium het chilipeppar, finhackad

1 hackad grön paprika

2 vitlöksklyftor, krossade

1 msk ljust farinsocker

1 msk kakaopulver

1-2 msk chilipulver

1-2 tsk mald spiskummin

1-2 tsk torkad oregano

¼ tesked mald kryddnejlika

salt och nymalen svartpeppar efter smak

krossade tortillachips och färska hackade korianderblad, al garinsh

Kombinera alla ingredienser, utom salt, peppar och kryddor, i en 5,5-liters/9½-pints slow cooker. Täck över och koka på låg i 6 till 8 timmar. Smaka av med salt och peppar. Servera beströdd med tortillachips och koriander.

Sweet Potato Chipotle Chili

Om du är ett fan av mexikansk mat, kanske du vill lägga till chipotle-peppar (torkad, rökt jalapeñopeppar) i adobo-sås i ditt livsmedelsbutiksskåp. De är tillgängliga via specialiserade leverantörer. Smaka av innan du lägger till mer, eftersom de kan bli väldigt varma!

För 4 personer

2 400g/14oz burkar svarta bönor, avrunna och sköljda

400 g/14 oz burk hackade tomater

250 ml / 8 fl oz vatten eller grönsaksbuljong

500g/18oz sötpotatis, skalad och tärnad

2 hackade lökar

1 hackad grön paprika

1 cm / ½ i bit färsk ingefära rot, fint riven

1 pressad vitlöksklyfta

1 tsk spiskummin, krossade

½ – 1 liten chipotle chili i adobosås, hackad

salt att smaka

Kombinera alla ingredienser, utom chipotlepeppar och salt, i långsam kokare. Täck över och koka på låg i 6 till 8 timmar, tillsätt chipotle chili under de sista 30 minuterna. Smaka av med salt.

Grån Chili med färska tomater

Färska tomater och torkad salvia ger denna chili en annorlunda touch. Välj mogna tomater i säsong för bästa smak.

För 4 personer

2 400 g/14 oz burkar svartögda ärtor, avrunna och sköljda

750 g / 1¾ lb tomater, skurna i klyftor

4 gräslök, skivad

8 vitlöksklyftor, tunt skivade

1 stor varm röd chili, rostad, kärnad och finhackad

½ – 2 msk chilipulver

1 tsk malen spiskummin

1 tsk mald koriander

¾ tesked torkad salvia

salt och nymalen svartpeppar efter smak

Blanda alla ingredienser, utom salt och peppar, i långsamkokaren. Täck över och koka på låg i 8 till 9 timmar. Smaka av med salt och peppar.

Svarta bönor, ris och majs chili

För en smak av det mexikanska köket, använd svarta bönor i denna snabba och enkla vegetariska chili, men kidneybönor fungerar också.

För 4 personer

2 400g/14oz burkar hackade tomater
400g/14oz burk svarta bönor, avrunna och sköljda
50 g/2 oz sockermajs, tinad om den är fryst
3 hackade lökar
1 stor röd paprika, hackad
1 jalapeño eller annan medium het chilipeppar, finhackad
3 vitlöksklyftor, krossade
½ – 1 msk chilipulver
1 tsk mald kryddpeppar
25 g/1 oz ris, kokt
salt och nymalen svartpeppar efter smak

Blanda alla ingredienser utom ris, salt och peppar i långsam kokare. Täck över och koka på låg i 8 till 9 timmar, tillsätt riset under de sista 15 minuterna. Smaka av med salt och peppar.

Chilisås

Den beredda såsen är användbar att ha i butiksskåpet för att ge smak och konsistens till rätter som denna.

För 4 personer

400 g/14 oz burk hackade tomater
400g/14oz burk kidneybönor, avrunna och sköljda
250 ml / 8 fl oz vatten
120 ml / 4 fl oz beredd medium eller varm sås
50 g/2 oz sockermajs, tinad om den är fryst
½ – 1 msk chilipulver
½ – 1 tsk jalapeño eller annan medelvarm chili, finhackad
90g/3½oz pärlkorn
salt och nymalen svartpeppar efter smak
50g/2oz mogen cheddarost, riven

Kombinera alla ingredienser utom korn, salt, peppar och ost i långsam kokare. Täck över och koka på låg i 6 till 8 timmar, tillsätt kornet under de sista 40 minuterna. Smaka av med salt och peppar. Strö varje skål med riven ost.

Karibisk chili

Denna rejäla köttfria chili med tre bönor är accentuerad av mangosalsa. Servera med brunt ris om så önskas.

För 6

2 400g/14oz burkar hackade tomater
400 g/14 oz burk pintobönor, avrunna och sköljda
400g/14oz burk cannellinibönor, avrunna och sköljda
400g/14oz burk svarta bönor, avrunna och sköljda
2 röda eller gröna paprikor, hackade
2 hackade lökar
1 jalapeño eller annan medium het chilipeppar, finhackad
2 cm/¾ bitar färsk ingefära, fint riven
2 teskedar socker
3 stora vitlöksklyftor, krossade
1 msk mald spiskummin
2 matskedar paprika
½ – 2 msk chilipulver
¼ tesked mald kryddnejlika
1 msk limejuice

salt och nymalen svartpeppar efter smak
Mangosalsa (se nedan)

Kombinera alla ingredienser, utom salt, peppar och mangosalsa, i en 5,5-liters/9½-pint långkokare. Täck över och koka på låg i 6 till 8 timmar. Smaka av med salt och peppar. Servera med mangosalsa.

Mangosås

En utsökt söt och kryddig sås som passar till kryddiga rätter.

För 6 personer som en sida

1 mango i tärningar

1 banan i tärningar

15 g/½ oz färsk koriander, hackad

½ liten jalapeño eller annan medium het chili, finhackad

1 matsked koncentrerad ananas- eller apelsinjuice

1 tsk limejuice

Blanda alla ingredienserna.

Rostbiff med fettuccine

Skiva denna perfekt tillagade stek och servera med fettuccine.

För 8 portioner

1 benfritt nötkött, till exempel toppen (ca 1,5 kg/3 lb)
salt och nymalen svartpeppar efter smak
2 skivade lökar
120 ml/4 fl oz nötköttsbuljong
50g/2oz frysta petits pois, tinade
1 msk majsmjöl
2 matskedar vatten
50g/2oz nyriven parmesanost eller romano
450 g/1 pund fettuccine, kokt, varm

Strö lätt över köttet med salt och peppar. Lägg i långsamkokaren med löken och buljongen. Sätt i en kötttermometer så spetsen är i mitten av steken. Täck över och koka på låg värme tills kötttermometern registrerar 68ºC för medelvärme tillagning, ca 4 timmar. Ta upp på ett serveringsfat och täck löst med aluminiumfolie.

Lägg till ärter i slowcooker. Täck över och koka på hög i 10 minuter. Tillsätt det kombinerade majsmjölet och vattnet under omrörning i 2-3 minuter. Tillsätt osten. Smaka av med salt och peppar. Blanda med fettuccine och servera till köttet.

Rostbiff pepparrotsås

Du kan använda Romano istället för Parmesan, om du föredrar det. Använd mer eller mindre pepparrot beroende på din smak.

För 8 portioner

1 benfritt nötkött, till exempel toppen (ca 1,5 kg/3 lb)
salt och nymalen svartpeppar efter smak
2 skivade lökar
120 ml/4 fl oz nötköttsbuljong
50g/2oz frysta petits pois, tinade
1 msk majsmjöl
2 matskedar vatten
50g/2oz nyriven parmesanost
2 matskedar beredd pepparrot
en generös nypa cayennepeppar
250 ml/8 fl oz vispgrädde

Strö lätt över köttet med salt och peppar. Lägg i långsamkokaren med löken och buljongen. Sätt i en kötttermometer så spetsen är i mitten av steken. Täck över och koka på låg värme tills kötttermometern registrerar 68ºC för medelvärme tillagning, ca 4 timmar. Ta upp på ett serveringsfat och täck löst med aluminiumfolie.

Lägg till ärter i slowcooker. Täck över och koka på hög i 10 minuter. Tillsätt det kombinerade majsmjölet och vattnet under omrörning i 2-3 minuter. Tillsätt parmesanosten. Smaka av med salt och peppar. Blanda pepparrot, cayennepeppar och vispgrädde och servera till kött.

Sauerbraten

Ju längre du kan marinera köttet desto godare blir det. Många korvrecept innehåller inte gräddfil; utelämna det om du föredrar det.

Serverar 8 till 10

450 ml / ¾ pint vatten

250 ml / 8 fl oz torrt rött vin

1 stor lök, tunt skivad

2 msk pickling krydda

12 hela nejlikor

12 pepparkorn

2 lagerblad

1 ½ tsk salt

1 benfritt nötkött, som ovan eller silverside (ca 1,5 kg/3 lb)

75 g/3 oz ingefära-valnötskakor, fint krossade

150 ml/¼ pint gräddfil

2 matskedar majsmjöl

Värm vatten, vin, lök, kryddor och salt till en koka i en stor kastrull. Häftigt. Häll blandningen över köttet i långsamkokaren. Kyl grytan, täckt, i minst 1 dag.

Placera grytan i slowcooker. Täck över och koka på låg i 6 till 8 timmar. Ta upp köttet på ett serveringsfat och håll varmt. Tillsätt ingefära och valnötskakor till buljongen. Tillsätt den kombinerade gräddfilen och majsmjölet, rör om i 2 till 3 minuter. Servera såsen över det skivade köttet.

Rosta i gryta

Stekt med grönsaker går inte att slå för en måltid i kallt väder; tillsätt rött vin för mer smak.

För 8 portioner

1,5 kg/3 lb biff att bräsera
2 stora lökar, halverade och skivade
1 paket löksoppa mix
450g/1lb morötter, tjockt skivade
1 kg/2¼ lb vaxartad potatis, oskalad
½ liten kål, skuren i 6 till 8 klyftor
salt och nymalen svartpeppar efter smak
120 ml/4 fl oz torrt rött vin eller nötbuljong

Lägg nötkött över lök i en 5,5-liters/9½ pint långkokare och strö över soppmix. Ordna grönsakerna runt köttet och strö lätt över salt och peppar. Tillsätt vinet eller buljongen, täck över och koka på låg i 6 till 8 timmar. Servera köttet och grönsakerna med buljongen, eller använd dem för att göra sås.

Obs: För att göra sås, mät upp buljongen och häll i en liten kastrull. Värm tills det kokar. För varje 250 ml / 8 fl oz fond, vispa ihop 2 matskedar mjöl blandat med 50 ml / 2 fl oz kallt vatten, vispa tills det blir tjockt, cirka 1 minut.

kafferostning

Ett favoritrecept från en god vän, Judy Pompei, nötköttet ges en otrolig rikedom genom tillsats av kaffe och sojasås.

För 10 portioner

2 stora lökar, skivade
1 benfri nötköttsled, som gumpen (ca 1,5 kg/3 lb)
250 ml / 8 fl oz starkt kaffe
50 ml/2 fl oz sojasås
1 pressad vitlöksklyfta
1 tsk torkad oregano
2 lagerblad

Lägg hälften av löken i långsamkokaren. Toppa med resterande kött och lök. Tillsätt resterande ingredienser. Täck över och koka på låg i 6 till 8 timmar. Servera köttet med buljongen.

Boeuf Bourguignon

Detta är Catherine Atkinsons syn på denna robusta och mycket älskade klassiker från Bourgogne-regionen i Frankrike.

För 4 personer

175g/6oz knapplök, oskalad
2 matskedar olivolja
100 g/4 oz skorpfritt randigt rökt bacon, skuren i små bitar
100g/4oz små svampar
2 pressad vitlöksklyfta eller 10 ml / 2 tsk vitlökspuré
250 ml/8 fl oz nötköttsbuljong
700g/1½lb mager gryta eller ribeyefilé, putsad och skuren i 5 cm/2in kuber
2 tsk vanligt mjöl
250 ml / 8 fl oz rött vin
1 kvist färsk timjan eller 2,5 ml/½ tesked torkad timjan
1 lagerblad
salt och nymalen svartpeppar
2 msk hackad färsk persilja
krämig potatismos och en grön grönsak, att servera

Lägg löken i en värmesäker skål och häll över tillräckligt med kokande vatten för att täcka. Låt det verka i 5 minuter. Värm under tiden 1 matsked olja i en stekpanna, tillsätt baconet och stek tills det får färg. Överför till långsam kokaren med en hålslev, lämna allt fett och saft. Låt löken rinna av och ta bort skalet när de är tillräckligt svala för att kunna hanteras. Lägg i pannan och koka på låg värme tills de börjar få färg. Tillsätt svamp och vitlök och koka i 2 minuter under omrörning. Överför grönsakerna till kastrullen. Häll i buljongen, täck med lock och vrid långsamkokaren till hög eller låg.

Hetta upp den återstående oljan i pannan och stek bifftärningarna tills de är mörkbruna på alla sidor. Strö mjölet över köttet och rör om väl. Häll gradvis i vinet, rör hela tiden, tills såsen bubblar och tjocknar. Lägg i långsamkokaren med timjan, lagerblad, salt och peppar. Koka gryta 3 till 4 timmar på hög eller 6 till 8 timmar på låg, eller tills kött och grönsaker är mycket möra. Ta bort timjankvisten och lagerbladet. Strö över persilja och servera med krämig potatismos och en grön grönsak.

grillat bröst

Denna läckra bringa är tillagad med en lätt krydddressing och långsam tillagad till perfektion i barbecuesås.

För 10 portioner

1 oxbringa, putsad (ca 1,5 kg/3 lb)
krydda rub
450 ml / ¾ pint beredd barbecuesås
50 ml/2 fl oz rödvinsvinäger
50g/2oz ljust farinsocker
2 medelstora lökar, skivade
120 ml / 4 fl oz vatten
450 g/1 pund fettuccine, kokt, varm

Gnid in bröstet med Spice Rub och lägg i långsamkokaren. Häll i resten av ingredienserna förutom fettuccine. Täck över och koka på låg i 6 till 8 timmar, vrid värmen till hög under de sista 20 till 30 minuterna. Ta upp bringan på ett serveringsfat och låt den vila, täckt med folie, i cirka 10 minuter. Skär och servera med barbecuesås och lök på fettuccine.

Grillade köttmackor

Den ödmjuka smörgåsen förvandlas till en sann fest i detta recept.

För 10 portioner

1 oxbringa, putsad (ca 1,5 kg/3 lb)
Spice Rub (se nedan)
450 ml / ¾ pint beredd barbecuesås
50 ml/2 fl oz rödvinsvinäger
50g/2oz ljust farinsocker
2 medelstora lökar, skivade
120 ml / 4 fl oz vatten
baguetter eller semlor
Kålsallad

Gnid in bröstet med Spice Rub och lägg i långsamkokaren. Häll i resterande kombinerade ingredienser, förutom baguetter eller rullar och coleslaw. Täck över och koka på låg i 6 till 8 timmar, vrid värmen till hög under de sista 20 till 30 minuterna. Ta upp bringan på ett serveringsfat och låt den vila, täckt med folie, i cirka 10 minuter. Strimla bringan med en gaffel och blanda med grillblandningen. Skeda köttet på delade baguettebitar eller rulla ihop och toppa med coleslaw.

krydda rub

Perfekt för kötträtter.

Gör 3 matskedar

2 msk finhackad färsk persilja
1 pressad vitlöksklyfta
½ tsk kryddat salt
½ tesked mald ingefära
½ tesked nyriven muskotnöt
½ tsk peppar

Blanda alla ingredienser tills det är väl blandat.

Flankstek fylld med svamp

En fyllning av bacon, svamp och timjan smakar fantastiskt inuti det ömt tillagade köttet.

För 6

3 skivor bacon
225 g/8 oz brun mösssvamp, skivad
½ hackad lök
¾ tesked torkad timjan
salt och nymalen svartpeppar efter smak
700 g / 1½ lb benfri oxfilé
175 ml/6 fl oz torrt rött vin eller nötköttsbuljong
100 g/4 oz ris, kokt, varmt

Koka bacon i en stor stekpanna tills det är knaprigt. Låt rinna av och smula. Kassera allt utom 1 matsked baconfett. Tillsätt svamp, lök och timjan i pannan och fräs tills de är mjuka, 5-8 minuter. Tillsätt baconet. Smaka av med salt och peppar.

Slå till köttet med en köttklubba, om det behövs, så att det blir en jämn tjocklek. Lägg fyllningen över köttet och rulla, börja på långsidan. Fäst med korta spett och lägg i långsamkokaren. Tillsätt vinet eller buljongen. Täck över och koka på låg i 6 till 8 timmar. Skär och servera över ris, häll saften över toppen.

Pot Bröst i öl

Marinering är nyckeln till framgången för detta möra och saftiga kött.

serverar 4-6

1,25 kg / 2½ lb rullad bringa
300 ml / ½ pint pale ale
salt och nymalen svartpeppar
25 g nötkött, vitt vegetabiliskt fett eller solrosolja
2 lökar, var och en skär i 8 klyftor
2 morötter, i fjärdedelar
2 st selleri, tjockt skivad
2 kvistar färsk timjan
2 lagerblad
2 hela kryddnejlika
150 ml/¼ pint kokande nötköttsbuljong
1 msk majsmjöl (majsstärkelse)

Lägg köttet i en skål som är tillräckligt stor för att rymma det och häll i ölen. Täck över och marinera i kylen i minst 8 timmar, eller över natten om så önskas, vänd flera gånger om möjligt. Låt köttet rinna av, reservera ölet och klappa torrt. Krydda köttet väl med salt och peppar. Värm droppande vegetabiliskt fett eller olja i en stor, tung stekpanna tills den är varm. Lägg i köttet och vänd ofta tills det fått fin färg. Lägg köttet på en tallrik.

Häll lite fett i pannan och tillsätt sedan lök, morötter och selleri. Koka i några minuter tills de fått lite färg och börjar mjukna. Lägg ett enda lager grönsaker på botten av den keramiska kokkärlet. Lägg köttet ovanpå och lägg sedan de återstående grönsakerna runt sidorna av köttet. Tillsätt timjan, lagerblad och kryddnejlika. Häll ölmarinaden över köttet, följt av köttbuljongen. Täck med lock och koka i 5 till 8 timmar på låg nivå, eller tills köttet och grönsakerna är genomstekta och möra. Vänd köttet och gnugga med såsen en eller två gånger under tillagningen.

Ta bort köttet och lägg på en varm serveringsfat eller bräda. Täck med aluminiumfolie och låt vila i 10 minuter innan du skär i tjocka skivor. Skumma under tiden fettet från safterna och såsen i den keramiska grytan. Blanda majsstärkelsen med lite kallt vatten i en kastrull och sila sedan ner den i buljongen (spara grönsakerna, släng lagerblad och timjan). Koka upp, vispa tills det är bubbligt och tjockt. Smaka av och justera eventuellt krydda. Servera den mustiga såsen till köttet och grönsakerna.

Biffflan fylld med grönsaker

Köttet kommer att vara extremt mört efter den långa långsamma kokningen och kommer att fyllas vackert med detta spännande urval av grönsaker.

För 6

40 g/1½ oz svamp, skivad

½ hackad lök

½ hackad morot

50 g zucchini, hackad

25 g/1 oz sockermajs, tinad om den är fryst

¾ tesked torkad rosmarin

1 msk olivolja

salt och nymalen svartpeppar efter smak

700 g / 1½ lb benfri oxfilé

400 g/14 oz burk hackade tomater

100 g/4 oz ris, kokt, varmt

Fräs svamp, lök, morot, zucchini, majs och rosmarin i olivolja i en stekpanna tills de är mjuka, 5-8 minuter. Smaka av med salt och peppar.

Slå till köttet med en köttklubba, om det behövs, så att det blir en jämn tjocklek. Lägg fyllningen över köttet och rulla, börja på långsidan. Fäst med korta spett och lägg i långsamkokaren. Tillsätt tomaterna. Täck över och koka på låg i 6 till 8 timmar. Skär och servera över ris, häll saften över toppen.

Nötköttkarbonad

Du behöver bara en liten mängd öl för att berika denna välkända belgiska rätt, så det är en bra idé att välja en som du också gillar att dricka.

För 4 personer

700g/1½lb mager gryta eller ribeye-biff, putsad

2 msk solrosolja

1 stor lök, tunt skivad

2 vitlöksklyftor, pressad eller 2 tsk vitlökspuré

2 tsk ljust farinsocker

1 msk vanligt mjöl

250 ml / 8 fl oz lättöl

250 ml/8 fl oz nötköttsbuljong

1 tsk vinäger

1 lagerblad

salt och nymalen svartpeppar

hackad färsk persilja, att dekorera

knaprigt franskbröd, att servera

Skär köttet i bitar ca 5 cm / 2 kvadrat och 1 cm / ½ tjocka. Hetta upp 1 msk olja i en stekpanna och bryn köttet på alla sidor. Överför till den keramiska kokkärlet med en hålslev, lämna saften kvar i pannan. Tillsätt återstående olja i pannan.

Tillsätt löken och låt sjuda i 5 minuter. Tillsätt vitlök och socker, strö sedan över mjölet, rör om för att kombinera. Tillsätt gradvis ölet och låt det koka upp. Låt det bubbla i en minut och stäng sedan av värmen. Häll blandningen över köttet, tillsätt sedan buljongen och vinägern. Tillsätt lagerbladet och smaka av med salt och peppar. Täck med lock. Koka i 1 timme på hög, sänk sedan värmen till låg och koka i 5 till 7 timmar till eller tills köttet är mycket mört.

Ta bort lagerblad och justera eventuellt krydda. Servera grytan direkt, kryddad med lite hackad färsk persilja och tillsammans med knaprigt franskbröd.

Rouladen

Tunna smörgåsfiléer gör det enkelt att arbeta med dessa kött- och skinkrullar.

För 4 personer

4 små eller 2 stora tunna smörgåsbiffar av nötkött (cirka 450 g/1 lb totalvikt)
salt och nymalen svartpeppar efter smak
4 skivor rökt skinka (ca 25g/1oz vardera)
100 g/4 oz svamp, finhackad
3 matskedar finhackade cornichons
½ hackad lök
1-2 msk dijonsenap
1 tsk torkad dill
120 ml/4 fl oz nötköttsbuljong

Strö smörgåsbiffarna lätt över salt och peppar. Toppa varje biff med en skiva skinka. Blanda resten av ingredienserna, förutom buljongen, och fördela över skinkskivorna. Rulla filéer, säkra med cocktailpinnar. Placera, sy ihop med sidorna nedåt, i långsamkokaren. Tillsätt buljongen. Täck över och koka på låg i 5-6 timmar.

Rouladen i italiensk stil

Provolone är en italiensk ost som liknar mozzarella men med en mycket mer komplett smak.

För 4 personer

4 små eller 2 stora tunna smörgåsbiffar av nötkött (cirka 450 g/1 lb totalvikt)
salt och nymalen svartpeppar efter smak
4 skivor rökt skinka (ca 25g/1oz vardera)
4 skivor provoloneost
4 msk hackade soltorkade tomater
2 tsk torkad dill
120 ml/4 fl oz nötköttsbuljong

Strö smörgåsbiffarna lätt över salt och peppar. Toppa varje biff med en skiva skinka. Blanda ost och tomater och fördela över skinkskivorna. Strö över dillen. Rulla filéer, säkra med cocktailpinnar. Placera, sy ihop med sidorna nedåt, i långsamkokaren. Tillsätt buljongen. Täck över och koka på låg i 5-6 timmar.

Rouladen i grekisk stil

En smak av Grekland, artighet av fetaost och oliver.

För 4 personer

4 små eller 2 stora tunna smörgåsbiffar av nötkött (cirka 450 g/1 lb totalvikt)
salt och nymalen svartpeppar efter smak
50g/2oz fetaost
2 salladslökar, fint hackade
4 soltorkade tomater, hackade
25 g/1 oz grekiska oliver, skivade
120 ml/4 fl oz nötköttsbuljong

Strö smörgåsbiffarna lätt över salt och peppar. Mosa osten med lök, soltorkade tomater och oliver och fördela över filéerna. Rulla filéer, säkra med cocktailpinnar. Placera, sy ihop med sidorna nedåt, i långsamkokaren. Tillsätt buljongen. Täck över och koka på låg i 5-6 timmar.

Stuvade revben

Du kommer att hitta dessa revben särskilt välsmakande och saftiga. Att knapra på ben är tillåtet!

För 4 personer

250 ml/8 fl oz torrt rött vin eller nötköttsbuljong

4 stora morötter, tjockt skivade

1 stor lök, skuren i klyftor

2 lagerblad

1 tsk torkad mejram

900 g/2 lb revbensspjäll

Kombinera alla ingredienser i långsamkokaren, lägg revbenen ovanpå. Täck över och koka på låg i 7 till 8 timmar.

Kryddat nötkött med pepparrot

Den varma kryddigheten i denna Catherine Atkinson-gryta uppnås med en blandning av gräddad pepparrot, ingefära och curry.

För 4 personer

1 hackad lök
2 msk gräddad pepparrotssås
1 msk Worcestershiresås
450 ml/¾ pint varm (inte kokande) nötköttsbuljong
1 msk vanligt mjöl
1 tsk medium currypulver
½ tesked mald ingefära
1 tsk farinsocker
700g/1½lb mager gryta eller ribeye-biff, i tärningar
salt och nymalen svartpeppar
2 msk hackad färsk eller fryst persilja
färskpotatis och en grön grönsak, att servera

Lägg löken i keramikgrytan. Rör ner pepparrot och worcestershiresås i buljongen och häll över löken. Sätt på långsamkokaren och låt den stå i 3 till 4 minuter medan du förbereder och mäter upp de återstående ingredienserna.

Blanda mjöl, curry, ingefära och socker i en skål. Tillsätt köttet och rör om för att täcka tärningarna jämnt med kryddblandningen. Lägg till i slowcooker och smaka av med salt och peppar. Täck över och koka 6 till 7 timmar på låg eller tills köttet är mycket mört.

Tillsätt persilja och krydda eventuellt. Servera med färskpotatis och en grön grönsak som ångad strimlad kål.

Enkel köttfärslimpa

Fukt, som köttfärslimpa ska vara, med massor av rester till smörgåsar också! Servera med kunglig potatismos.

För 6

700 g / 1 ½ lb magert köttfärs

100g/4oz havre

120 ml/4 fl oz lättmjölk

1 ägg

50 ml/2 fl oz tomatsås eller chilisås

1 hackad lök

½ hackad grön paprika

1 pressad vitlöksklyfta

1 tsk torkad italiensk örtkrydda

1 tsk salt

½ tsk peppar

Gör handtag av aluminium och lägg dem i långsamkokaren. Blanda alla ingredienser tills de blandas. Klappa blandningen till en brödform och lägg den i den långsamma kokaren, se till att brödets sidor inte nuddar grytan. Sätt i en köttermometer så spetsen är i mitten av brödet. Täck över och koka på låg nivå tills köttermometern visar 76°C, cirka 6 till 7 timmar. Ta bort med hjälp av foliehandtagen och låt vila, löst täckt med folie, i 10 minuter.

Italiensk köttfärslimpa

Klassisk köttfärslimpa men med italiensk touch. Du kan använda chilisås istället för ketchup.

För 6

700 g / 1½ lb magert köttfärs
100g/4oz havre
120 ml/4 fl oz lättmjölk
1 ägg
50 ml/2 fl oz tomatsås
1 hackad lök
½ hackad grön paprika
1 pressad vitlöksklyfta
1 msk nyriven parmesanost
50 g riven mozzarellaost
2 matskedar urkärnade svarta oliver, hackade
1 tsk torkad italiensk örtkrydda
1 tsk salt
½ tsk peppar
2 matskedar beredd tomatsås eller ketchup
riven parmesanost och riven hård mozzarellaost, för att dekorera

Gör handtag av aluminium och lägg dem i långsamkokaren. Blanda alla ingredienser tills de blandas. Klappa blandningen till en brödform och lägg den i den långsamma kokaren, se till att brödets sidor inte nuddar grytan. Sätt i en kötttermometer så spetsen är i mitten av brödet. Täck över och koka på låg nivå tills kötttermometern visar 76°C, cirka 6 till 7 timmar. Täck med tomatsås eller ketchup och strö över ostar. Täck över och låt sjuda tills osten smält, 5 till 10 minuter. Ta bort med aluminiumhandtagen.

Salt ostköttfärslimpa

Denna köttfärslimpa har en mycket fyllig ostsmak, vilket gör den rik och extremt tillfredsställande. Du kan använda chilisås istället för ketchup.

För 6

450 g/1 lb magert nötfärs
225 g/8 oz magert fläskfärs
100g/4oz mjuk ost
75 g riven cheddarost
100g/4oz havre
120 ml/4 fl oz lättmjölk
1 ägg
50 ml/2 fl oz tomatsås
2 msk Worcestershiresås
1 hackad lök
½ hackad grön paprika
1 pressad vitlöksklyfta
1 tsk torkad italiensk örtkrydda
1 tsk salt
½ tsk peppar

Gör handtag av aluminium och lägg dem i långsamkokaren. Blanda alla ingredienser utom 25 g/1 oz cheddarost tills det är väl blandat. Klappa blandningen till en brödform och lägg den i den långsamma kokaren, se till att brödets sidor inte nuddar grytan. Sätt i en kötttermometer så spetsen är i mitten av brödet. Täck över och koka på låg nivå tills kötttermometern visar 76°C, cirka 6 till 7 timmar. Strö över reserverad cheddarost, täck över och låt sjuda tills osten smält, 5 till 10 minuter. Ta bort med aluminiumhandtagen.

Köttfärslimpa med chutney och jordnötter

Om du inte har Branston Pickle kan du använda samma mått hackad chutney.

För 6

700 g / 1½ lb magert köttfärs
100g/4oz havre
120 ml/4 fl oz lättmjölk
1 ägg
100g/4oz Branston pickle
1 hackad lök
½ hackad grön paprika
1 pressad vitlöksklyfta
50 g/2 oz hackade jordnötter
1 tsk currypulver
½ tesked mald ingefära
1 tsk torkad italiensk örtkrydda
1 tsk salt
½ tsk peppar

Gör handtag av aluminium och lägg dem i långsamkokaren. Blanda alla ingredienser tills de blandas. Klappa blandningen till en brödform och lägg den i den långsamma kokaren, se till att brödets sidor inte nuddar grytan. Sätt i en kötttermometer så spetsen är i mitten av brödet. Täck över och koka på låg nivå tills kötttermometern visar 76°C, cirka 6 till 7 timmar. Ta bort med hjälp av foliehandtagen och låt vila, löst täckt med folie, i 10 minuter.

Ägg och citronsås

Denna delikata citronsås kan tillagas med grönsaksbuljong.

För 6 personer som en sida

1 msk smör eller margarin
2 matskedar mjöl
120 ml kycklingbuljong
120 ml/4 fl oz lättmjölk
1 ägg, lätt uppvispat
3-4 matskedar citronsaft
1 tsk citronskal
salt och vitpeppar efter smak

Smält smör i en medelstor stekpanna. Vispa i mjölet och koka i 1 minut. Vispa ihop buljong och mjölk. Värm till koka, vispa tills det är tjockt, ca 1 minut. Vispa ner ungefär hälften av buljongblandningen i ägget. Vispa blandningen igen i pannan. Vispa på medelvärme i 1 minut. Tillsätt citronsaft och skal. Smaka av med salt och peppar.

Citronköttfärslimpa med ägg-citronsås

Köttfärslimpa får en ny dimension med en citronaccent och en len citronäggsås på sidan.

För 6

700 g / 1½ lb magert köttfärs

50g/2oz färskt ströbröd

1 ägg

1 liten lök hackad

½ liten grön paprika, hackad

1 pressad vitlöksklyfta

1 msk citronsaft

1 msk rivet citronskal

1 tsk dijonsenap

½ tsk torkad timjan

½ tsk peppar

¾ tesked salt

Ägg- och citronsås (se vänster)

Gör handtag av aluminium och lägg dem i långsamkokaren. Blanda alla ingredienser utom ägg-citronsås tills det är väl blandat. Klappa blandningen till en brödform och lägg den i den långsamma kokaren, se till att brödets sidor inte nuddar grytan. Sätt i en kötttermometer så spetsen är i mitten av brödet. Täck över och koka på låg tills kötttermometern registrerar 76°C, 6 till 7 timmar. Ta bort med hjälp av foliehandtagen och låt vila, löst täckt med folie, i 10 minuter. Servera med ägg och citronsås.

Sötsyrligt skinkbröd

Köttfärslimpan kan också tillagas i en 23 x 13 cm/9 x 5 tums brödform eller två mindre brödformar, om de passar i din slow cooker. Placera kastruller på ett galler eller tomma tonfiskburkar med båda ändarna borttagna.

För 6

450 g/1 lb magert nötfärs
225g/8oz hackad eller finhackad rökt skinka
50g/2oz färskt ströbröd
1 ägg
1 liten lök hackad
½ liten grön paprika, hackad
1 pressad vitlöksklyfta
1 tsk dijonsenap
2 hackade pickles
50g/2oz mandel, grovt hackad
50g/2oz blandad torkad frukt
90 g/3½ oz aprikossylt
1 msk cidervinäger
2 tsk sojasås
½ tsk peppar
¾ tesked salt

Gör handtag av aluminium och lägg dem i långsamkokaren. Blanda alla ingredienser tills de blandas. Klappa blandningen till en brödform och lägg den i den långsamma kokaren, se till att brödets sidor inte nuddar grytan. Sätt i en kötttermometer så spetsen är i mitten av brödet. Täck över och koka på låg tills kötttermometern registrerar 76°C, 6 till 7 timmar. Ta bort med hjälp av foliehandtagen och låt vila, löst täckt med folie, i 10 minuter.

Lätt kött med vin och grönsaker

En enkel men mättande oxgryta. Servera över nudlar, om så önskas.

För 4 personer

450g/1lb ryggbiff, skuren i 1 cm/½ remsor
250 ml/8 fl oz nötköttsbuljong
120 ml/4 fl oz torrt rött vin
275 g/10 oz franska bönor, skurna i korta bitar
2 potatisar i tärningar
2 små lökar, skurna i klyftor
3 morötter, tjockt skivade
¾ tesked torkad timjan
salt och nymalen svartpeppar efter smak

Blanda alla ingredienser, utom salt och peppar, i långsamkokaren. Täck över och koka på låg i 6 till 8 timmar. Smaka av med salt och peppar.

fyllda kålblad

Välj magert nötfärs av god kvalitet att blanda med peppar, lök och ris för en smakrik fyllning för kålblad tillagade i tomatsås.

För 4 personer

8 stora kålblad

450 g/1 lb magert nötfärs

½ lök finhackad

¼ finhackad grön paprika

15 g/½ oz ris, kokt

50 ml / 2 fl oz vatten

1 tsk salt

¼ tesked nymalen svartpeppar

400 g/14 oz beredd tomatsås

450 g/1 lb burk hackade tomater

Lägg kålbladen i kokande vatten tills de mjuknat, 1 till 2 minuter. Dränera väl. Klipp tjocka ådror från bladen så att de ligger platt. Blanda färsen och resten av ingredienserna, förutom tomatsåsen och hackade tomater. Dela köttblandningen i åtta lika stora bitar, forma varje till en brödform. Slå in var och en i ett kålblad, vik ändarna och sidorna. Häll hälften av den kombinerade tomatsåsen och hackade tomaterna i långsamkokaren. Lägg i kålrullar, skarven nedåt. Häll i resten av tomatblandningen. Täck över och koka på låg i 6 till 8 timmar.

Florentinska köttbullar

Ricottaost, spenat och medelhavsaromer gör dessa köttbullar exceptionellt goda.

För 4 personer

65 g/2½ uns spenatblad

100 g ricottaost

1 ägg

2 hackad gräslök

2 vitlöksklyftor

2 tsk torkad oregano

½ tesked torkad dill

½ tesked nyriven muskotnöt

½ tsk salt

½ tsk peppar

450 g/1 lb magert nötfärs

25 g/1 oz färskt ströbröd

1 liter / 1¾ pints beredd pastasås med örter

225 g/8 oz fettuccine, kokt, varm

Bearbeta spenat, ricotta, ägg, salladslök, vitlök, kryddor, salt och peppar i en matberedare eller mixer tills den är slät. Blanda med färsen och ströbrödet. Forma blandningen till 8-12 köttbullar. Kombinera köttbullar och pastasås i långsamkokaren, täck köttbullarna med sås. Täck över och koka på låg i 5-6 timmar. Servera på fettuccine.

Rigatoni med aubergine köttbullar

Aubergine är en överraskningsingrediens i dessa fantastiska köttbullar.

För 6

Aubergine köttbullar (se nedan)
700g/1½lb pastasås från en burk
350 g/12 oz rigatoni eller andra pastaformer, kokta, varma
2-3 matskedar olivolja
2 msk avrunnen kapris
15 g/½ oz hackad färsk persilja

Kombinera aubergineköttbullarna och pastasåsen i långsamkokaren, täck köttbullarna med sås. Täck över och koka på låg i 6 till 8 timmar. Kasta rigatoni med olja, kapris och persilja. Servera med köttbullarna och såsen.

Aubergine köttbullar

Kuvad aubergine ger enastående rikedom till dessa köttbaserade köttbullar.

Gör 18 köttbullar

1 liten aubergine (ca 350 g/12 oz), i tärningar
700 g / 1½ lb magert köttfärs
50g/2oz nyriven parmesanost eller romano
25 g/1 oz torrt brödsmulor
2 ägg
1½ tesked torkad italiensk örtkrydda
1 tsk salt
½ tsk peppar

Koka auberginen i 2 tum kokande vatten i en medelstor kastrull tills den är mjuk, cirka 10 minuter. Låt rinna av, kyl och mosa. Kombinera auberginen med resten av köttbullarnas ingredienser. Forma 18 köttbullar.

Räkor med kronärtskockor och paprika

Kronärtskockor och paprika är ofta medelhavspartner. Konserverade kronärtskockshjärtan är ett bekvämt sätt att lägga till denna delikat smaksatta grönsak till din matlagning.

För 4 personer

400 g/14 oz beredd tomatsås
400 g kronärtskockshjärtan, avrunna och i fjärdedelar
175 ml/6 fl oz kyckling- eller grönsaksbuljong
2 lökar, tunt skivade
½ liten röd paprika, skivad
½ liten grön paprika, skivad
1 pressad vitlöksklyfta
350 g/12 oz kokta och skalade medelstora räkor, tinade om de är frysta
1-2 msk torr sherry (valfritt)
salt och nymalen svartpeppar efter smak
225g/8oz penne, kokt, varm

Kombinera alla ingredienser utom räkor, sherry, salt, peppar och penne i långsam kokare. Täck över och koka på låg i 5-6 timmar, tillsätt räkorna under de sista 10 minuterna. Smaka av med sherry, salt och peppar. Servera över penne.

Räk- och okragryta

Det här är också toppen om du inte känner för att göra polentan om du inte känner för att servera den med kokt ris.

För 4 personer

400 g/14 oz beredd tomatsås

225g/8oz okra, putsad och skuren i bitar

175 ml/6 fl oz kyckling- eller grönsaksbuljong

2 lökar, tunt skivade

1 pressad vitlöksklyfta

350 g/12 oz kokta och skalade medelstora räkor, tinade om de är frysta

salt och nymalen svartpeppar efter smak

Polenta

hackad färsk persilja, att dekorera

Kombinera alla ingredienser utom räkor, salt, peppar och polenta i långsam kokare. Täck över och koka på låg i 5-6 timmar, tillsätt räkorna under de sista 10 minuterna. Smaka av med salt och peppar. Servera över Polenta och strö över varje portion med persilja.

Kreolräkor med skinka

Remsor av krispig skinka och torr sherry, med en shake av Tabasco, ger kompletterande smaker till denna räkorrätt.

För 6

100 g/4 oz mager skinka, skuren i tunna strimlor
1-2 msk olivolja
2 400g/14oz burkar hackade tomater
120 ml / 4 fl oz vatten
2-3 msk tomatpuré
1 lök finhackad
1 st selleri finhackad
½ röd eller grön paprika, finhackad
3 vitlöksklyftor, krossade
700g/1½lb stora råa räkor, skalade och urvattnade, tinade om de är frysta
2 till 4 matskedar torr sherry (valfritt)
¼ – ½ tsk Tabascosås
salt och nymalen svartpeppar efter smak
100 g/4 oz ris, kokt, varmt

Koka skinkan i oljan i en liten stekpanna på medelhög värme tills den är gyllenbrun och knaprig, 3 till 4 minuter. Ta bort och reservera. Kombinera tomater, vatten, grönsaker och vitlök i långsamkokaren. Täck över och koka på låg i 6 till 7 timmar, tillsätt den reserverade skinka, räkor, sherry och Tabasco-sås under de sista 10 minuterna. Smaka av med salt och peppar. Servera över ris.

Cajunräkor, sockermajs och bönor

Röda bönor, majs och mjölk gör detta till en rejäl rätt, kryddad med chili. Servera på skedbröd.

För 4 personer

400g/14oz burk kidneybönor, avrunna och sköljda
400 g/14 oz burk krämig majs
250 ml / 8 fl oz fisk- eller kycklingbuljong
1 lök finhackad
1 jalapeño eller annan medium het chilipeppar, finhackad
2 vitlöksklyftor, krossade
1 tsk torkad timjan
½ tsk torkad oregano
175 g broccoli, skuren i små buketter
250 ml/8 fl oz helmjölk
2 matskedar majsmjöl
350–450 g / 12 oz – 1 pund råa stora räkor, skalade och urvattnade, tinade om de är frysta
salt och tabascosås efter smak

Kombinera bönor, majs, buljong, lök, chili, vitlök och örter i långsamkokaren. Täck över och koka på låg i 6 till 7 timmar, tillsätt broccolin under de sista 20 minuterna. Tillsätt den kombinerade mjölken och majsmjölet, rör om i 2-3 minuter. Tillsätt räkorna. Koka i 5 till 10 minuter. Smaka av med salt och tabascosås.

Räkor och korvgumbo

Okra förtjockar gumbon och ger den en karakteristisk kreolsk smak.

För 4 personer

2 400g/14oz burkar tomater
100 g rökt korv, tjockt skivad
1 stor röd paprika, finhackad
1 pressad vitlöksklyfta
en nypa krossade chiliflakes
225g/8oz okra, putsad och skivad
350 g/12 oz kokta och skalade medelstora räkor, tinade om de är frysta
salt att smaka
75 g/3 oz ris, kokt, varmt

Kombinera alla ingredienser utom okra, räkor, salt och ris i långsam kokare. Täck över och koka på låg i 6-7 timmar, tillsätt okran de sista 30 minuterna och räkorna de sista 10 minuterna. Smaka av med salt. Servera över ris.

Pasta med färsk tomat och örtsås

Njut av den här rätten när lokala eller egenodlade tomater är på sin topp av mognad.

För 6

1 kg / 2 ¼ lb tomater, hackade

1 lök finhackad

120 ml/4 fl oz torrt rött vin eller vatten

2 msk tomatpuré

6 stora vitlöksklyftor, krossade

1 sked socker

2 lagerblad

2 tsk torkad basilika

1 tsk torkad timjan

en nypa krossade chiliflakes

salt att smaka

350 g/12 oz platt eller formad pasta, kokt, varm

Blanda alla ingredienser utom salt och pasta i långsam kokare. Täck över och koka på låg i 6 till 7 timmar. Om du föredrar en tjockare konsistens, koka utan lock på hög nivå de sista 30 minuterna. Smaka av med salt och servera såsen över pastan.

Vinter grönsaksrisotto

Arborio-ris är ett kortkornigt ris som odlas i Arborio-regionen i Italien. Den passar särskilt bra för att göra risotto, då den kokar till en härlig krämighet.

För 4 personer

750 ml / 1¼ pints grönsaksbuljong
1 liten lök hackad
3 vitlöksklyftor, krossade
75 g/3 oz brun eller knappsvamp, skivad
1 tsk torkad rosmarin
1 tsk torkad timjan
350 g/12 oz arborioris
100g/4oz små brysselkål, halverad
175 g/6 oz sötpotatis, skalad och tärnad
25 g/1 oz nyriven parmesanost
salt och nymalen svartpeppar efter smak

Koka upp buljongen i en liten kastrull. Häll i slow cooker. Tillsätt resten av ingredienserna, förutom parmesanosten, salt och peppar. Täck över och koka på hög nivå tills riset är al dente och vätskan nästan absorberats, ca 1¼ timme (se noga så riset inte överkokar). Tillsätt osten. Smaka av med salt och peppar.

Porcini Risotto

Torkad porcini-svamp är en mycket användbar resurs i butiksskåpet. De håller i flera år, tar väldigt lite plats och återfår snabbt sin fulla smakstyrka när de blötläggs.

För 4 personer

10 g/¼ oz torkad porcini eller andra torkade svampar
250 ml / 8 fl oz kokande vatten
500 ml / 17 fl oz grönsaksbuljong
1 liten lök hackad
3 vitlöksklyftor, krossade
350 g/12 oz arborioris
½ tesked torkad salvia
½ tsk torkad timjan
100g/4oz frysta petits pois, tinade
1 liten tomat, hackad
50g/2oz nyriven parmesanost
salt och nymalen svartpeppar efter smak

Lägg svampen i en skål och häll i det kokande vattnet. Låt sitta tills det mjuknat, ca 15 minuter. Häll av, spara vätskan. Koka upp buljongen i en liten kastrull. Häll i den långsamma kokaren och tillsätt 250 ml/8 fl oz av det reserverade vattnet för att blötlägga svampen. Tillsätt resten av ingredienserna, förutom ärtorna, tomaten, parmesanosten samt salt och peppar. Täck över och koka på hög värme tills riset är al dente och vätskan nästan absorberas, ca 1¼ timme, tillsätt ärtorna och tomaten under de sista 15 minuterna (se noga så att riset inte kokar för mycket). Tillsätt osten. Smaka av med salt och peppar.

Broccoli och pinjenötsrisotto

Du kan rosta pinjenötterna i en torr panna och slänga dem tills de får lite färg, men håll ett öga på dem eftersom de lätt bränns.

För 4 personer

750 ml / 1¼ pints grönsaksbuljong
1 liten lök hackad
3 vitlöksklyftor, krossade
350 g/12 oz arborioris
1 tsk torkad italiensk örtkrydda
175 g/6 oz små broccolibuketter
40 g/1½ oz russin
25 g/1 oz rostade pinjenötter
50g/2oz nyriven parmesanost
salt och nymalen svartpeppar efter smak

Koka upp buljongen i en liten kastrull. Häll i slowcooker. Tillsätt lök, vitlök, ris och örter. Täck över och koka på hög värme tills riset är al dente och vätskan nästan absorberas, ca 1¼ timme, tillsätt broccoli, russin och pinjenötter under de sista 20 minuterna (se noga så att riset inte kokar för mycket). Tillsätt osten. Smaka av med salt och peppar.

Risi Bisi

Åsikterna går isär om Risi Bisi är en risotto eller en tjock soppa. Om du håller med om den senare definitionen, använd ytterligare 120–250 ml/4–8 fl oz buljong så att blandningen får en tjock soppakonsistens.

För 4 personer

750 ml / 1¼ pints grönsaksbuljong
1 liten lök hackad
3 vitlöksklyftor, krossade
350 g/12 oz arborioris
2 tsk torkad basilika
225g/8oz frysta petits pois, tinade
50g/2oz nyriven parmesanost
salt och nymalen svartpeppar efter smak

Koka upp buljongen i en liten kastrull. Häll i slowcooker. Tillsätt resterande ingredienser förutom ärtor, parmesanost, salt och peppar. Täck över och koka på hög värme tills riset är al dente och vätskan nästan absorberas, ca 1¼ timme, tillsätt ärtorna under de sista 15 minuterna (se noga så att riset inte kokar för mycket). Tillsätt osten. Smaka av med salt och peppar.

Sommar grönsaksrisotto

Om du har en trädgård kommer detta recept att få ut det mesta av dina underbara sommarprodukter.

För 4 personer

750 ml / 1¼ pints grönsaksbuljong

4 gräslök, skivad

3 vitlöksklyftor, krossade

200 g/7 oz hackade plommontomater

1 tsk torkad rosmarin

1 tsk torkad timjan

350 g/12 oz arborioris

250 g zucchini i tärningar

250 g zucchini eller gul zucchini, i tärningar

25 g/1 oz nyriven parmesanost

salt och nymalen svartpeppar efter smak

Koka upp buljongen i en liten kastrull. Häll i slow cooker. Tillsätt resten av ingredienserna, förutom parmesanosten, salt och peppar. Täck över och koka på hög nivå tills riset är al dente och vätskan nästan absorberats, ca 1¼ timme (se noga så riset inte överkokar). Tillsätt osten. Smaka av med salt och peppar.

Äggpaj med svamp och basilika

Gör denna goda paj, som är som en quiche utan skorpa, att servera till en lätt lunch eller brunch.

För 4 personer

5 ägg

25 g/1 oz vanligt mjöl

1/3 tsk bakpulver

¼ tesked salt

¼ tesked peppar

225g/8oz riven Monterey Jack ost eller mild cheddarost

225 g/8 oz keso

75 g/3 oz svamp, skivad

¾ tesked torkad basilika

olja, att smörja

Vispa ägg i en stor skål tills det skummar. Blanda samman det kombinerade mjölet, bakpulvret, salt och peppar. Blanda resterande ingredienser och häll i den smorda långkokaren. Täck över och koka på låg tills den stelnat, cirka 4 timmar. Servera från den långsamma kokaren eller ta bort grytan, låt stå på ett galler i 5 minuter och vänd upp på ett serveringsfat.

Obs: Den här rätten kan också tillagas i en suffléform eller gryta på 1 liter / 1¾ pint. Placera på galler i en 5,5-liters/9½ pint långkokare och koka tills den stelnat, cirka 4½ timme.

Grillad grönsaksbaka

Frysta grillade grönsaker, en blandning av grillad röd och gul paprika, zucchini och aubergine, är Catherine Atkinsons tips för detta recept.

För 4 personer

mjukat smör eller solrosolja, för smörjning
175 g/6 oz frysta rostade grönsaker, tinade
1 ägg
1,5 ml dijonsenap
150 ml / ¼ pint mjölk
2 msk mald mandel
15 ml färskt vitt ströbröd
50g/2oz riven Gruyereost
salt och nymalen svartpeppar
25 g/1 oz flingad mandel
ciabatta eller focacciabröd, att servera

Placera ett uppvänt fat eller metalldegskärare på botten av den keramiska grytan. Häll i cirka 5 cm/2in mycket varmt (inte kokande) vatten och sätt sedan på långsamkokaren. Smörj en 13-15 cm rund värmefast form med smör eller olja. Lägg grönsakerna på tallriken. Vispa ägg och senap och tillsätt sedan mjölk, mald mandel, ströbröd och ost. Krydda med salt och peppar och häll sedan försiktigt över grönsakerna. Låt blandningen sitta i ungefär en minut och strö sedan den flingade mandeln ovanpå. Täck formen med lätt smord plastfolie eller aluminiumfolie och lägg ovanpå fatet eller degfräsen i grytan. Häll i tillräckligt med kokande vatten för att komma halvvägs upp på sidan av plattan.

Täck med lock och koka i 2 till 4 timmar eller tills grönsakerna är väldigt mjuka och blandningen stelnat något (kontrollera genom att trycka in en tunn kniv eller spett i mitten, det ska vara varmt och det ska finnas lite vätska). Servera varm med ciabatta eller focacciabröd.

Lasagne i lager

Det är lätt att göra lasagne med en förberedd sås och ugnsfärdiga lasagneplattor som inte behöver förkokas. Denna lasagne är delikat i konsistensen och rik på smak.

För 6

700 g / 1½ lb beredd tomat- och basilikapastasås
8 ark lasagne utan föregående tillagning
550g/1¼lb ricottaost
275g/10oz riven mozzarellaost
1 ägg
1 tsk torkad basilika
25 g/1 oz nyriven parmesanost

Bred 75 g/3 oz sås över basen av en 23 x 13 cm/9 x 5 brödform. Toppa med en lasagneplatta och 75 g/3 oz ricottaost och 40 g/1½ oz mozzarellaost. . Upprepa lager, avsluta med 75g/3oz sås på toppen. Strö över parmesanosten. Placera burken på galler i 5,5-liters/9½-pints slow cooker. Täck över och koka på låg i 4 timmar. Ta ut formen och låt svalna på galler i 10 minuter. Lasagnen kan verka nedsänkt i mitten, men den blir mer enhetlig när den svalnar.

Pasta sallad med aubergine

Balsamvinäger och citronsaft ger en speciell touch till denna sommarpastarätt. Servera varm eller i rumstemperatur.

För 6

1 aubergine, ca 450 g/1 lb
200g/7oz tomater, grovt hackade
3 salladslökar, skivade
2 msk balsamvinäger eller rödvinsvinäger
1 msk olivolja
1-2 tsk citronsaft
salt och nymalen svartpeppar
350 g/12 oz fullkornsspaghetti, kokt, i rumstemperatur
50g/2oz nyriven parmesanost

Pricka auberginen sex till åtta gånger med en gaffel och lägg i den långsamma kokaren. Täck över och låt sjuda tills de är mjuka, cirka 4 timmar. Låt sitta tills den är tillräckligt kall för att hantera. Skär auberginen på mitten. Ta ur fruktköttet och skär det i 2 cm/¾ bitar. Blanda aubergine, tomater, lök, vinäger, olja och citronsaft. Smaka av med salt och peppar. Blanda med pasta och parmesanost.

Grönsakspasta Med Kryddor

Denna pasta har en underbar mexikansk smak.

Serverar 6 till 8

6 400g/14oz burkar hackade tomater
400g/14oz burk kidneybönor, avrunna och sköljda
175 g/6 oz tomatpuré
175 ml / 6 fl oz öl eller vatten
350g/12oz Quorn eller sojafärs med nötköttsmak
2 hackade lökar
1 hackad grön paprika
2 vitlöksklyftor, krossade
1 msk ljust farinsocker
1 msk kakaopulver
1-2 msk chilipulver
1-2 tsk mald spiskummin
1-2 tsk torkad oregano
¼ tesked mald kryddnejlika
175 g/6 oz kokta armbågsmakaroner
salt och nymalen svartpeppar

Kombinera alla ingredienser utom makaroner, salt och peppar i en 5,5-liters/9½-pints slow cooker. Täck över och koka på låg i 6 till 8 timmar, tillsätt makaronerna under de sista 30 minuterna. Smaka av med salt och peppar.

Welsh Rarebit

Denna kryddiga ostblandning med ölsmak är också utsökt serverad över skivad skinka eller kycklingbröst och sparris på rostat bröd.

För 6

225 g riven cheddarost
225g/8oz mjuk ost, vid rumstemperatur
250 ml öl
½ tsk torrt senapspulver
½ tsk vegetarisk worcestershiresås eller svampsås
cayennepeppar, efter smak
6 skivor rostat flerkornsbröd
12 tomatskivor
paprika och hackad gräslök, att dekorera

Kombinera ostar, öl, senap och Worcestershiresås i långsamkokaren. Täck över och låt sjuda tills ostarna har smält, ca 2 timmar, rör om två gånger under tillagningen. Smaka av med cayennepeppar. Lägg det rostade brödet på serveringsfat. Toppa med de skivade tomaterna och häll rarebit-blandningen över toppen. Strö över paprika och hackad gräslök.

Makaroner och tomatgryta

Alltid populär bland barn, denna krämiga makaronrätt är utsökt komfortmat.

För 6

225 g/8 oz kokta små makaroner

450g/1lb hackade tomater, avrunna

1 hackad lök

450 ml / ¾ pint indunstad mjölk

1 msk majsmjöl

3 ägg, lätt vispade

50g/2oz nyriven parmesanost

½ tsk mald kanel

½ tesked nyriven muskotnöt

½ tsk salt

paprika, att dekorera

Kombinera makaroner, tomater och lök i långsamkokaren. Blanda resten av ingredienserna, förutom paprikan, och häll över makaronblandningen. Täck över och låt sjuda tills grädden är fast, ca 3 timmar. Strö över paprika.

Penne med fyra ostar

Mozzarella, cheddar, ädelost och parmesan gör detta till en smakrik ost- och pastakombination.

För 8 portioner

750 ml / 1¼ pints helmjölk
75 g/3 oz vanligt mjöl
50g/2oz riven mozzarella
50 g riven cheddarost
100 g ädelost, smulad
50g/2oz nyriven parmesanost
450 g / 1 lb penne, kokt al dente

Blanda mjölk och mjöl till en jämn smet i en stor skål. Tillsätt resterande ingredienser förutom 15 g/½ oz parmesanost och pastan. Tillsätt pastan och häll blandningen i långsamkokaren. Strö över resten av parmesanosten. Täck över och koka på låg i 3 timmar.

Grönsaksgryta för valfri säsong

Använd alla grönsaker under säsong för denna hälsosamma grönsaksblandning.

För 4 personer

375 ml / 13 fl oz grönsaksbuljong

2 medelstora tomater, hackade

225 g/8 oz franska bönor, halverade

225g/8oz liten färskpotatis, halverad

2 små morötter, skivade

2 kålrot, skivade

4 gräslök, skivad

½ tsk torkad mejram

¼ tesked torkad timjan

4 skivor vegetariskt 'bacon', stekt tills det är knaprigt och smulat

100g/4oz frysta ärtor, tinade

6 kronärtskockshjärtan, i fjärdedelar

8 sparris, skurna i korta bitar (5 cm/2 tum)

2 matskedar majsmjöl

50 ml / 2 fl oz vatten

salt och nymalen svartpeppar efter smak

75 g/3 oz ris, kokt, varmt

Kombinera alla ingredienser utom vegetabiliska rashers, ärtor, kronärtskockshjärtan, sparris, majsstärkelse, vatten, salt, peppar och ris i slowcooker. Täck över och koka på låg i 6 till 7 timmar, tillsätt utslag, ärtor, kronärtskockshjärtan och sparris under de sista 30 minuterna. Tillsätt det kombinerade majsmjölet och vattnet under omrörning i 2-3 minuter. Smaka av med salt och peppar. Servera över ris.

Chile med attityd

I den här vegetariska versionen av ett Cincinnati-recept kryddas linschili med kryddor och kakao och serveras över spagetti.

För 6

450 ml / ¾ pint grönsaksbuljong

400 g/14 oz burk hackade tomater

75g/3oz torkade röda linser

1 hackad lök

3 vitlöksklyftor, krossade

1 tsk olivolja

½ – 1 msk chilipulver

1 msk kakaopulver

½ tsk mald kanel

¼ tesked mald kryddpeppar

salt och nymalen svartpeppar efter smak

350g/12oz linguine, kokt, varm

pålägg: bönor, hackad lök och paprika, riven cheddarost

Kombinera alla ingredienser utom salt, peppar och linguine i slowcooker. Täck över och koka på låg i 6 till 8 timmar. Om du föredrar en tjockare konsistens, koka utan lock på hög nivå de sista 30 minuterna. Smaka av med salt och peppar. Servera över linguine med ett urval av pålägg.

Grönsaksmix med Cobbler chili topping

Det här är ett chilirecept, men det går att göra utan. Poblano chili är ganska mild, men detta recept innehåller även chilipulver, så var försiktig med hur mycket du tillsätter om du inte gillar det för kryddigt.

För 6

2 400g/14oz burkar hackade tomater
400g/14oz burk svartögda ärtor, avrunna och sköljda
400g/14oz burk kidneybönor, avrunna och sköljda
4 hackade lökar
250 g zucchini eller squash, skalad och tärnad
1-3 poblano eller mild chili, grovt hackad
1 röd paprika, grovt hackad
1 gul paprika, grovt hackad
3 vitlöksklyftor, krossade
1-3 msk chilipulver, eller efter smak
1½ – 2 tsk malen spiskummin
¾ tesked torkad oregano
¾ tesked torkad mejram
100g/4oz okra, putsad och halverad
salt och nymalen svartpeppar efter smak
3 stora bullar, halverade

Chili pulver

50 g riven cheddarost

Kombinera alla ingredienser utom okra, salt, peppar, bullar, chilipulver och ost i en 5,5-liters/9½-pints slow cooker. Täck över och koka på låg i 6 till 8 timmar, tillsätt okran under de sista 30 minuterna. Smaka av med salt och peppar. Lägg bullar med de skurna sidorna nedåt ovanpå blandningen. Strö över chilipulver och ost. Täck över och låt sjuda tills osten smält, ca 5 minuter.

Trädgårdsgryta

Denna färgglada gryta serveras över hirs eller hälsosam couscous.

För 4 personer

450 ml / ¾ pint grönsaksbuljong
225 g/8 oz svamp, skivad
225 g/8 oz blomkål, buketter
225 g potatis i tärningar
2 lökar, skurna i klyftor
2 tomater, skurna i klyftor
2 vitlöksklyftor, krossade
1 tsk torkad timjan
1 lagerblad
2 små zucchini, skivade
salt och nymalen svartpeppar efter smak
175 g hirs eller couscous, kokt, varm

Kombinera alla ingredienser utom zucchini, salt, peppar och hirs eller couscous i långsamkokaren. Täck över och koka på låg i 6 till 8 timmar, tillsätt zucchinin under de sista 30 minuterna. Släng lagerbladet, smaka av med salt och peppar och servera över hirs eller couscous i grunda skålar.

Vetebär med linser

Vetebär och linser kombineras med potatis och grönsaker för att göra en hälsosam och mättande måltid.

För 8 portioner

750 ml / 1¼ pints grönsaksbuljong
100g/4oz vetebär
75g/3oz torkade bruna eller gröna linser
700g/1½lb mjölig potatis, oskalad och tärnad
2 hackade lökar
1 skivad morot
1 stav selleri, skivad
4 vitlöksklyftor, krossade
1 tsk torkade blandade örter
salt och nymalen svartpeppar efter smak

Blanda alla ingredienser, utom salt och peppar, i långsamkokaren. Täck över och koka på låg i 6 till 8 timmar. Smaka av med salt och peppar.

Sötsyrlig pumpa med potatis

Cider och honung, plus äpple och sötpotatis, ger denna hemgjorda grönsaksgryta dess uppfriskande sötsyrliga smak.

För 6

400 g/14 oz burk hackade tomater
250 ml cider
500g/18oz pumpa, skalad och tärnad
500g/18oz mjölig potatis
350 g/12 oz sötpotatis, skalad och tärnad
2 gröna syrliga ätande äpplen, oskalade och skivade
175 g/6 oz sockermajs
150 g hackad schalottenlök
½ hackad röd paprika
2 vitlöksklyftor, krossade
1½ msk honung
1½ msk cidervinäger
1 lagerblad
¼ tesked nyriven muskotnöt
2 matskedar majsmjöl
50 ml / 2 fl oz vatten
salt och nymalen svartpeppar efter smak
100 g/4 oz basmatiris eller jasminris, kokt, varmt

Kombinera alla ingredienser utom majsmjöl, vatten, salt, peppar och ris i en 5,5-liters/9½-pint långkokare. Täck över och koka på låg i 6 till 8 timmar. Vrid värmen till hög och koka i 10 minuter. Tillsätt det kombinerade majsmjölet och vattnet under omrörning i 2-3 minuter. Kasta lagerbladet. Smaka av med salt och peppar. Servera över ris.

Vilda svampar med Cannellini

Tre smakrika varianter av färska svampar gör detta till en underbart rik maträtt. De torkade svamparna, mjukade i varmt vatten, kan ersätta några av de färska svamparna för att ytterligare öka rikedomen.

För 6

3 400g/14oz burkar cannellinibönor, avrunna och sköljda

250 ml/8 fl oz grönsaksbuljong

120 ml / 4 fl oz torrt vitt vin eller grönsaksbuljong

225 g/8 oz portabellasvamp, hackad

175 g/6 oz shiitakesvamp, skivad

225 g/8 oz brun eller knappsvamp, skivad

100 g purjolök (endast vita delar), skivad

1 röd paprika hackad

1 hackad lök

3 stora vitlöksklyftor, krossade

½ tesked torkad rosmarin

½ tsk timjan

¼ tesked hackade chiliflakes

300g/11oz mangold eller spenat, skivad

salt och nymalen svartpeppar efter smak

Polenta

Kombinera alla ingredienser utom mangold, salt, peppar och polenta i en 5,5-liters/9½-pints slow cooker. Täck över och koka på låg i 6 till 7 timmar, tillsätt mangold under de sista 15 minuterna. Smaka av med salt och peppar. Servera över polenta.

Grönsaksgryta med Bulghar

Näringsrik bulghar hjälper till att tjockna denna lätt kryddiga blandning av svamp, rotfrukter och paprika. Servera med varmt parmesanbröd.

För 4 personer

400 g/14 oz burk hackade tomater

250 ml/8 fl oz kryddig tomatjuice

2 stora morötter, tjockt skivade

225 g/8 oz brun mösssvamp, halverad

175 g/6 oz mjölig potatis, oskalad och hackad

2 hackade lökar

1 röd paprika, tjockt skivad

1 grön paprika, tjockt skivad

2-3 vitlöksklyftor, krossade

50g/2oz bulghar

1 tsk torkad timjan

1 tsk torkad oregano

2 zucchini, i tärningar

1 pumpa eller gul zucchini empanada, i tärningar

salt och nymalen svartpeppar efter smak

Blanda alla ingredienser utom zucchini, squash, salt och peppar i långsam kokare. Täck över och låt koka högt i 4-5 timmar, tillsätt zucchini och squash under de sista 30 minuterna. Smaka av med salt och peppar.

Vitlökslinser med grönsaker

Denna linsgryta är smaksatt med chili, ingefära och mycket vitlök. Den är väldigt kryddig, men du kan anpassa kryddningen efter eget tycke. Kom dock ihåg att smakerna blir mjukare när grytan tillagas.

För 8 portioner

450 ml / ¾ pint grönsaksbuljong

8 små potatisar i tärningar

6 lökar, skivade

600 g / 1 lb 6 oz tomater, hackade

225 g/8 oz morötter, hackade

225 g/8 oz franska bönor

75g/3oz torkade bruna eller gröna linser

1 till 4 små jalapenos eller andra medelvarma chilipeppar, krossade till en pasta eller 1 till 2 tsk cayennepeppar

2,5 cm / 1 i stycke färsk rot ingefära, fint riven

1 kanelstång

10 vitlöksklyftor

6 hela nejlikor

6 kardemummaskidor, krossade

1 tsk mald gurkmeja

½ tesked krossad torkad mynta

225g/8oz frysta ärtor, tinade

salt att smaka

100g/4oz blötlagd couscous, varm

naturell yoghurt, att dekorera

Kombinera alla ingredienser utom ärter, salt och couscous i en 5,5 liter/9½ pint långkokare. Täck över och koka på låg i 6 till 8 timmar, tillsätt ärtorna under de sista 15 minuterna. Smaka av med salt. Servera över couscous och dekorera med skedar yoghurt.

Linser med kryddad couscous

Jordbruna linser tillagas perfekt i långsamkokaren.

För 6

400 g/14 oz burk hackade tomater

750 ml / 1¼ pints grönsaksbuljong

350g/12oz torkade bruna linser

2 hackade lökar

1 röd eller grön paprika, hackad

1 stor selleristav, hackad

1 stor morot, hackad

1 pressad vitlöksklyfta

1 tsk torkad oregano

½ tsk mald gurkmeja

salt och nymalen svartpeppar efter smak

Kryddad couscous (se nedan)

Kombinera alla ingredienser utom salt, peppar och couscous i en 5,5-liters/9½ pint långkokare. Täck över och koka på låg i 6 till 8 timmar. Smaka av med salt och peppar. Servera över kryddad couscous.

Kryddad couscous

Couscous är också ett bra komplement till en buffé eller picknickbord.

För 6

2 salladslökar, skivade
1 pressad vitlöksklyfta
¼ tesked hackade chiliflakes
½ tsk mald gurkmeja
1 tsk olivolja
300 ml / ½ pint grönsaksbuljong
175 g/6 oz couscous

Fräs lök, vitlök, chiliflakes och gurkmeja i olja i en medelstor stekpanna tills löken är mjuk, cirka 3 minuter. Tillsätt buljongen. Värm tills det kokar. Tillsätt couscousen. Ta bort från värmen och låt sitta, täckt, i 5 minuter eller tills buljongen absorberas.

Svarta bönor och grönsaker gryta

Mosade gröna bönor ger den perfekta förtjockningen för denna maträtt.

För 6

375 ml / 13 fl oz grönsaksbuljong

400g/14oz burk svarta bönor, sköljda och avrunna

400 g/14 oz burk gröna bönor, mosade

400 g/14 oz tomater, hackade

130 g/4½ oz svamp, skivad

1 zucchini skivad

1 skivad morot

1 hackad lök

3 vitlöksklyftor, krossade

2 lagerblad

¾ tesked torkad timjan

¾ tesked torkad oregano

100g/4oz frysta ärtor, tinade

salt och nymalen svartpeppar efter smak

275 g/10 oz nudlar, kokta, varma

Kombinera alla ingredienser utom ärtor, salt, peppar och nudlar i långsam kokare. Täck över och låt koka högt i 4-5 timmar, tillsätt ärtorna under de sista 15 minuterna. Kasta lagerbladen. Smaka av med salt och peppar. Servera över nudlar.

Bön- och pumpagryta

Denna smörböna- och kidneybönsrätt med gyllene squash är långsam tillagad till salta godhet. Servera med kärnmjölksbröd.

För 6

2 400g/14oz burkar hackade tomater
400g/14oz burk kidneybönor, avrunna och sköljda
400 g/14 oz burk smörbönor, avrunna och sköljda
350 g zucchini eller squash, skalad och tärnad
3 hackade lökar
1½ grön paprika, hackad
2 vitlöksklyftor, gärna rostade, krossade
½ – ¾ tesked torkad italiensk örtkrydda
salt och nymalen svartpeppar efter smak

Blanda alla ingredienser, utom salt och peppar, i långsamkokaren. Täck över och koka på hög i 4 till 5 timmar. Smaka av med salt och peppar.

Rejäla bönor och korn med spenat

Varmt knaprigt bröd skulle vara det perfekta tillbehöret till denna rejäla kikärts- och bönorrätt.

För 6

2,25 liter / 4 pints grönsaksbuljong
75 g/3 oz torkade kikärter, avrunna och sköljda
75 g/3 oz bönor, avrunna och sköljda
1 morot tunt skivad
50g/2oz pärlkorn
175 g potatis i tärningar
1 zucchini, tärnad
1 skivad lök
2 vitlöksklyftor, krossade
25g/1oz kokta makaroner, kokta
150 g/5 oz spenat, skivad
2-4 matskedar citronsaft
salt och nymalen svartpeppar efter smak

Kombinera alla ingredienser utom makaroner, spenat, citronsaft, salt och peppar i en 5,5-liters/9½-pints slow cooker. Täck över och låt sjuda tills bönorna är mjuka, 6 till 8 timmar, tillsätt makaronerna och spenaten under de sista 20 minuterna. Smaka av med citronsaft, salt och peppar.

Sötböngryta

Cider, sötpotatis och russin ger denna pintobönarätt en sötma som passar bra med paprika och kryddor. Servera med en brödsked.

För 8 portioner

3 400g/14oz burkar pintobönor, avrunna och sköljda
2 400 g/14 oz burkar chilitomater, hackade, med juice
175 ml cider
2 röda eller gröna paprikor, hackade
3 hackade lökar
250 g sötpotatis, skalad och tärnad
175 g zucchini
2 vitlöksklyftor, krossade
2 tsk chilipulver
1 tsk spiskummin, lätt krossade
½ tsk mald kanel
75 g/3 oz russin
salt och nymalen svartpeppar efter smak

Kombinera alla ingredienser utom russin, salt och peppar i en 5,5-liters/9½-pint långkokare. Täck över och koka på låg i 6 till 8 timmar, tillsätt russinen under de sista 30 minuterna. Smaka av med salt och peppar.

Gryta med svarta bönor och spenat

Mängden chili och färsk ingefära i denna rikt kryddade rätt kan minskas om mindre kryddighet önskas.

För 8 portioner

3 400g/14oz burkar svarta bönor, avrunna och sköljda
400 g/14 oz burk hackade tomater
2 hackade lökar
1 röd paprika skuren i tärningar
1 zucchini, tärnad
1-2 jalapenos eller andra medelvarma chili, finhackad
2 vitlöksklyftor, krossade
2,5 cm / 1 i stycke färsk rot ingefära, fint riven
1-3 tsk chilipulver
1 tsk malen spiskummin
½ tsk cayennepeppar
225 g/8 oz spenat, skivad
salt att smaka
100 g/4 oz ris, kokt, varmt

Kombinera alla ingredienser utom spenat, salt och ris i långsam kokare. Täck över och koka på låg i 6 till 7 timmar, tillsätt spenaten under de sista 15 minuterna. Smaka av med salt. Servera över ris.

Söta, kryddiga och kryddiga grönsaker och bönor

Söta kryddor och eldig chili kombineras så bra i denna mättande gryta.

För 6

2 400g/14oz burkar hackade tomater
400g/14oz burk svarta bönor, avrunna och sköljda
400 g/14 oz burk pintobönor, avrunna och sköljda
375 ml / 13 fl oz grönsaksbuljong
6 morötter skivade
6 vaxartade potatisar, oskalade och tärnade
3 hackade lökar
1-3 tsk finhackad serrano eller annan het chilipeppar
2 vitlöksklyftor, krossade
1½ tesked torkad oregano
¾ tesked mald kanel
½ tsk mald kryddnejlika
1 lagerblad
1 msk rödvinsvinäger
salt och nymalen svartpeppar efter smak

Kombinera alla ingredienser, utom salt och peppar, i en 5,5-liters/9½-pint långkokare. Täck över och koka på låg i 6 till 8 timmar. Kasta lagerbladet. Smaka av med salt och peppar.

Vinterbönor med rötter

Svarta bönor och smörbönor tillagas här med rotfrukter för att göra en mättande rätt att servera med nyttigt vitlöksbröd.

För 6

400g/14oz burk svarta bönor, avrunna och sköljda

400 g/14 oz burk smörbönor, avrunna och sköljda

375 ml / 13 fl oz grönsaksbuljong

2 hackade lökar

175 g/6 oz mjölad potatis, skalad och tärnad

175 g/6 oz sötpotatis, skalad och tärnad

1 stor tomat, skuren i klyftor

1 skivad morot

65 g/2½ oz palsternacka, skivad

½ hackad grön paprika

2 vitlöksklyftor, krossade

¾ tesked torkad salvia

2 matskedar majsmjöl

50 ml / 2 fl oz vatten

salt och nymalen svartpeppar efter smak

Blanda alla ingredienser utom majsmjöl, vatten, salt och peppar i långsam kokare. Täck över och koka på låg i 6 till 7 timmar. Tillsätt det kombinerade majsmjölet och vattnet under omrörning i 2-3 minuter. Smaka av med salt och peppar.

Kryddad tofu med grönsaker

Kummin och timjan smaksätter denna blandning av tofu, potatis, morötter och spenat. Tempeh fungerar också bra i denna kombination och är liksom tofu ett hälsosamt proteinalternativ.

För 4 personer

1 liter / 1¾ pints Rik svampbuljong eller grönsaksbuljong
275 g/10 oz fast tofu, i tärningar (1 cm/½ tum)
350g/12oz vaxartad potatis, skalad och skivad
2 stora morötter, skivade
1 skivad lök
1 stav selleri, skivad
3 vitlöksklyftor, krossade
1 lagerblad
1 tsk malen spiskummin
½ tsk torkad timjan
275g/10oz fryst hackad spenat, tinad
15 g/½ oz färsk persilja, finhackad
salt och nymalen svartpeppar efter smak

Blanda alla ingredienser utom spenat, persilja, salt och peppar i långsam kokare. Täck över och koka på låg i 6 till 7 timmar, tillsätt spenaten under de sista 20 minuterna. Kasta lagerbladet. Smaka av med salt och peppar.

Aubergine, paprika och okragryta

Prova detta kryddiga urval av grönsaker med rostat chilimajsbröd.

För 4 personer

400 g/14 oz burk hackade tomater
250 ml/8 fl oz grönsaksbuljong
1 stor morot, tjockt skivad
1 zucchini, tjockt skivad
1 liten aubergine, skalad och tärnad (2,5 cm/1 tum)
¾ grön paprika, grovt hackad
¾ röd paprika, grovt hackad
2 salladslökar, skivade
4 vitlöksklyftor, krossade
225g/8oz vårlök eller schalottenlök
100g/4oz okra, putsad och skivad
2-3 tsk fullkornssenap
Tabascosås, salt och nymalen svartpeppar efter smak

Blanda alla ingredienser utom salladslök eller schalottenlök, okra, senap, tabascosås, salt och peppar i långsamkokaren. Täck över och koka på låg nivå i 6 till 8 timmar, tillsätt salladslöken eller schalottenlök under den sista timmen och okran under de sista 30 minuterna. Smaka av med senap, tabascosås, salt och peppar.

Italiensk grönsakstortellini med ost

Färsk tortellini tar bara några minuter att laga och smakar bra med paprika, svamp och basilika i tomatsås.

För 4 personer

400 g/14 oz konserverade tomater
400 ml / 14 fl oz grönsaksbuljong
75 g/3 oz svamp, skivad
1 grön paprika skuren i skivor
1 lök finhackad
¼ tesked kryddpeppar
1 tsk torkad basilika
4 små zucchini i tärningar
salt och nymalen svartpeppar efter smak
250 g/9 oz färskosttortellini, kokt, varm

Kombinera alla ingredienser utom zucchini, salt, peppar och tortellini i långsamkokaren. Täck över och koka på hög temperatur i 4-5 timmar, tillsätt zucchinin under de sista 30 minuterna. Smaka av med salt och peppar. Servera över tortellini i grunda skålar.

Colombianska kikärter

Sockermajs, ärtor och rotfrukter bidrar till en blandning av smaker, som accentueras av färsk koriander.

För 8 portioner

2 400g/14oz burkar hackade tomater
400g/14oz burk kikärter, avrunna och sköljda
375 ml / 13 fl oz grönsaksbuljong
120 ml / 4 fl oz torrt vitt vin eller grönsaksbuljong
4 potatisar, skalade och skurna i tärningar
4 morötter, tjockt skivade
4 st selleri, tjockt skivad
2 hackade lökar
100 g majs, tinad om den är fryst
4 vitlöksklyftor, krossade
2 lagerblad
1 tsk torkad spiskummin
¾ tesked torkad oregano
1½ msk vitvinsvinäger
100g/4oz frysta ärtor, tinade
25 g/1 oz färsk koriander, hackad
salt och nymalen svartpeppar efter smak

Kombinera alla ingredienser utom ärtor, koriander, salt och peppar i en 5,5-liters/9½-pint långkokare. Täck över och låt koka högt i 4-5 timmar, tillsätt ärtorna under de sista 15 minuterna. Tillsätt koriandern. Kasta lagerbladen. Smaka av med salt och peppar.

Argentinska grönsaker

Denna vegetariska version av en traditionell maträtt har massor av sötsyrlig smak och utsökt fruktighet från färska persikor.

För 12 personer

2 400g/14oz burkar hackade tomater
450 ml / ¾ pint grönsaksbuljong
120 ml torrt vitt vin (valfritt)
500 g/18 oz potatis, skalad och tärnad
500 g/18 oz sötpotatis eller pumpa, skalad och tärnad
4 rödlökar, grovt hackade
1 stor grön paprika, hackad
5 vitlöksklyftor, krossade
2 msk farinsocker
2 msk vitvinsvinäger
2 lagerblad
1 tsk torkad oregano
6 majsöron, var och en skuren i 4 cm/1½ bitar
450 g zucchini, tjockt skivad
6 små persikor, skalade och halverade
salt och nymalen svartpeppar efter smak

Kombinera alla ingredienser, utom majs, zucchini, persikor, salt och peppar, i en 5,5-liters/9½-pint långkokare. Täck över och koka på låg i 6 till 8 timmar, tillsätt majs, zucchini och persikor under de sista 20 minuterna. Kasta lagerbladen. Smaka av med salt och peppar.

Bön- och makarongryta

Denna traditionella rätt är en korsning mellan en soppa och en gryta: den är tjock, rik och smakrik.

För 6

400g/14oz burk cannellinibönor, avrunna och sköljda
400g/14oz burk italienska plommontomater, hackade
450 ml / ¾ pint grönsaksbuljong
1 stor morot, skivad
1 stor selleristav, skivad
2 hackade lökar
1 pressad vitlöksklyfta
½ tsk torkad oregano
½ tesked torkad basilika
75 g/3 oz kokta makaroner, kokta
salt och nymalen svartpeppar efter smak
nyriven parmesanost

Kombinera alla ingredienser utom makaroner, salt, peppar och ost i långsam kokare. Täck över och låt koka högt i 4-5 timmar, tillsätt makaronerna under de sista 15 minuterna.

Smaka av med salt och peppar. Passera parmesanosten att strö över.

Kikärter med rostad paprika och krämig polenta

Använd en förberedd tomatsås och rostad röd paprika från en burk för att ge snabb smak åt kikärter. Slow Cooker Polenta kan också användas i detta recept.

För 4 personer

400g/14oz burk kikärter, avrunna och sköljda
400 g/14 oz beredd tomatsås
400 g/14 oz konserverade tomater
200g/7oz rostad röd paprika från en burk, avrunnen och hackad
1 hackad lök
1 pressad vitlöksklyfta
1 tsk torkad italiensk örtkrydda
1 zucchini, tärnad
salt och nymalen svartpeppar efter smak
25 g/1 oz nyriven parmesanost
mikrovågsugn polenta

Kombinera alla ingredienser utom zucchini, salt, peppar, ost och mikrovågspolenta i långsamkokaren. Täck över och koka på hög temperatur i 2-3 timmar, tillsätt zucchinin under de sista 30 minuterna. Smaka av med salt och peppar. Tillsätt parmesanosten i mikrovågsugnen polentan. Servera grytan över mikrovågsugn polenta.

Ratatouille med feta aioli

Grekisk fetaost ger en välkommen touch till denna medelhavsgryta.

För 4 personer

2 400g/14oz burkar hackade tomater
1 aubergine, tärnad
2 lökar fint hackade
1 gul paprika, skivad
3 vitlöksklyftor, krossade
2 tsk torkad italiensk örtkrydda
2 små zucchini, halverade och tunt skivade
salt och nymalen svartpeppar efter smak
Feta Aioli (se nedan)

Kombinera alla ingredienser, utom zucchini, salt, peppar och Feta Aioli, i långsamkokaren. Täck över och koka på hög temperatur i 4-5 timmar, tillsätt zucchinin under de sista 30 minuterna. Smaka av med salt och peppar. Servera med Feta Aioli.

fetaost aioli

Fetaosten tillför en läcker salt syra till denna aioli.

För 4 personer

25 g/1 oz fetaost, smulad

50 ml majonnäs

2-3 vitlöksklyftor, krossade

Bearbeta alla ingredienser i en matberedare eller mixer tills de är slät.

Curriedokra och sockermajs med couscous

Servera dessa kryddiga grönsaker med ett urval av tillbehör för att ge smakaccenter.

För 4 personer

250 ml/8 fl oz grönsaksbuljong
225g/8oz okra, toppar trimmade
100 g majs, tinad om den är fryst
75 g/3 oz svamp, skivad
2 hackade lökar
2 skivade morötter
2 hackade tomater
1 pressad vitlöksklyfta
1½ tesked currypulver
100 g/4 oz couscous
salt och nymalen svartpeppar efter smak
tillbehör: naturell yoghurt, russin, hackad gurka, jordnötter och hackad tomat

Blanda alla ingredienser utom couscous, salt och peppar i slowcooker. Täck över och koka på hög i 4 till 5 timmar. Tillsätt couscousen och stäng av värmen. Täck över och låt vila i 5 till 10 minuter. Smaka av med salt och peppar. Servera med tillbehör.

Grönsakstagine

I det marockanska köket tillagas taginer traditionellt i lergrytor, även kallade tagines, med couscousen ångad över grytan. Slow cooker-versionen bevarar all smak av grönsakerna. Koka couscousen separat och håll varm till servering.

För 6

2 400g/14oz burkar hackade tomater

400g/14oz burk kikärter, avrunna och sköljda

120 ml/4 fl oz grönsaksbuljong eller apelsinjuice

200 g franska bönor, skurna i korta bitar

175 g/6 oz butternut eller ekollon squash, hackad

150 g/5 oz kålrot eller rutabaga, hackad

175 g/6 oz urkärnade katrinplommon, hackade

1 hackad lök

1 skivad morot

1 stav selleri, skivad

1–2 cm / ½ – ¾ bitar färsk rot ingefära, fint riven

1 pressad vitlöksklyfta

1 kanelstång

2 teskedar paprika

2 tsk malen spiskummin

2 tsk mald koriander

40 g/1½ oz små urkärnade svarta oliver

salt och nymalen svartpeppar efter smak

225 g/8 oz couscous, kokt, varm

Kombinera alla ingredienser utom svarta oliver, salt, peppar och couscous i en 5,5-liters/9½-pints slow cooker. Täck över och låt koka högt i 4-5 timmar, tillsätt oliverna under de sista 30 minuterna. Smaka av med salt och peppar. Servera över couscous.

Spansk tofu

En utsökt rätt som fångar Medelhavets färger och smaker. Skulle också fungera bra med Quorn.

För 4 personer

400 g/14 oz burk hackade tomater
175 ml/6 fl oz grönsaksbuljong
275 g/10 oz fast tofu, i tärningar (2,5 cm/1 tum)
2 hackade lökar
1 zucchini, tärnad
100g/4oz svamp
1 stor morot, skivad
1 pressad vitlöksklyfta
1 remsa apelsinskal
½ tsk torkad timjan
½ tsk torkad oregano
2 matskedar majsmjöl
50 ml / 2 fl oz vatten
salt och nymalen svartpeppar efter smak
75 g/3 oz couscous eller ris, kokt, varmt

Blanda alla ingredienser utom majsmjöl, vatten, salt, peppar och couscous eller ris i långsamkokaren. Täck över och koka på låg i 6 till 7 timmar. Tillsätt det kombinerade majsmjölet och vattnet under omrörning i 2-3 minuter. Smaka av med salt och peppar. Servera över couscous eller ris.

Blandade grönsaker med couscous

Denna marockanska favorit är packad med kryddiga smaker och grönsaker.

För 12 personer

3 400g/14oz burkar kikärter, avrunna och sköljda
450–750 ml / ¾ – 1¼ pints grönsaksbuljong
1 liten kål, skuren i 12 klyftor
1 stor aubergine i tärningar
225 g/8 oz morötter, skivade
225 g/8 oz småpotatis i tärningar
225 g/8 oz rovor, i tärningar
225 g franska bönor, skurna i korta bitar
225 g/8 oz butternut squash eller butternut squash, skalad och tärnad
4 tomater, i fjärdedelar
3 hackade lökar
3 vitlöksklyftor, krossade
2 teskedar kanelpulver
1 tsk paprika
½ tesked mald ingefära
½ tsk mald gurkmeja

*275 g/10 oz avrunna konserverade kronärtskockshjärtan,
skurna i fjärdedelar*

75 g/3 oz russin

25 g/1 oz hackad persilja

salt och cayennepeppar efter smak

450 g/1 lb couscous, kokt, varm

Kombinera bönor, buljong, färska grönsaker, vitlök och kryddor i en 5,5 liter/9½ pint långkokare. Täck över och låt sjuda i 5-7 timmar, tillsätt kronärtskockshjärtan, russin och persilja under de sista 30 minuterna. Smaka av med salt och cayennepeppar. Servera över couscous.

Afrikansk sötpotatisgryta

En kryddig vitlökspasta kryddar denna kikärts-, sötpotatis- och okragryta.

För 6

2 400g/14oz burkar kikärter, avrunna och sköljda
2 400g/14oz burkar hackade tomater
375 ml / 13 fl oz grönsaksbuljong
700g/1½lb sötpotatis, skalad och tärnad
2 lökar, tunt skivade
Vitlökskryddpasta (se nedan)
175g/6oz okra, putsad och skuren i korta bitar
salt och nymalen svartpeppar efter smak
Tabascosås, efter smak
175 g/6 oz couscous, kokt, varm

Kombinera alla ingredienser utom okra, salt, peppar, tabascosås och couscous i en 5,5-liters/9½-pints slow cooker. Täck över och låt koka högt i 4-5 timmar, tillsätt okran under de sista 45 minuterna. Smaka av med salt, peppar och tabascosås. Servera över couscous.

Vitlökskryddpasta

En användbar pasta för att smaksätta grytor, speciellt vegetariska.

För 6

6 vitloksklyftor

2 x 5 mm/¼ skivad färsk ingefärarot

2 teskedar paprika

2 tsk spiskummin

½ tsk mald kanel

1-2 msk olivolja

Bearbeta alla ingredienser i en matberedare eller mixer tills de är slät. Eller krossa vitlöken och finriv ingefäran och mosa den sedan med de andra ingredienserna för att göra en pasta.

Grönsaksstroganoff

En värmande rätt för kalla vinternätter. Ersätt kålrot, palsternacka eller kålrot mot en av potatisen, om så önskas.

För 6

375 ml / 13 fl oz grönsaksbuljong

225 g/8 oz svamp, halverad

3 lökar, tunt skivade

2 mjöliga potatisar, skalade och tärnade

2 sötpotatisar, skalade och skurna i tärningar

1 msk torrt senapspulver

1 sked socker

100g/4oz frysta ärtor, tinade

250 ml/8 fl oz gräddfil

2 matskedar majsmjöl

salt och nymalen svartpeppar efter smak

275 g/10 oz nudlar, kokta, varma

Kombinera alla ingredienser utom ärtor, gräddfil, majsmjöl, salt, peppar och nudlar i en 5,5-liters/9½-pints slow cooker. Täck över och koka på låg i 6 till 8 timmar, tillsätt ärtorna under de sista 30 minuterna. Tillsätt den kombinerade gräddfilen och majsmjölet, rör om i 2 till 3 minuter. Smaka av med salt och peppar. Servera över nudlar.

Kålragout med kunglig potatismos

De uttalade aromatiska accenterna av färsk fänkål, färsk ingefära och äpple gör denna kål- och auberginegryta särskilt välsmakande.

För 6

550 g aubergine, i tärningar (2,5 cm / 1 tum)
450 ml / ¾ pint grönsaksbuljong
900g/2lb kål, tunt skivad
2 hackade lökar
½ fänkålslök eller 1 stjälkselleri, tunt skivad
3 stora vitlöksklyftor, krossade
2,5 cm / 1 i stycke färsk rot ingefära, fint riven
1 tsk fänkålsfrön, krossade
2 ätande äpplen, skalade och grovt hackade
250 ml/8 fl oz gräddfil
2 matskedar majsmjöl

salt och nymalen svartpeppar efter smak
kunglig potatismos

Kombinera ingredienser, förutom äpplen, gräddfil, majsmjöl, salt, peppar och Royal Moshed Potatis, i en 5,5-liters/9½-pints slow cooker. Täck över och koka på låg i 6 till 8 timmar, tillsätt äpplena under de sista 20 minuterna. Vrid värmen till hög och koka i 10 minuter. Tillsätt den kombinerade gräddfilen och majsmjölet, rör om i 2 till 3 minuter. Smaka av med salt och peppar. Servera över äkta potatismos i grunda skålar.

Pumpa och potatisgulasch

Denna gulasch skulle också vara jättegod med spenatris istället för nudlarna.

För 6

400 g/14 oz konserverade tomater, hackade
250 ml/8 fl oz grönsaksbuljong
120 ml / 4 fl oz torrt vitt vin eller extra grönsaksbuljong
500g/18oz pumpa, skalad och tärnad
500 g/18 oz mjölig potatis, skalad och tärnad
1½ röd paprika, tärnad
1½ grön paprika, tärnad
2 lökar, grovt hackade
1 pressad vitlöksklyfta
1-2 tsk kumminfrön, lätt krossade
3 matskedar paprika
250 ml/8 fl oz gräddfil
2 matskedar majsmjöl

salt och nymalen svartpeppar efter smak
275 g/10 oz breda nudlar, kokta, varma

Kombinera alla ingredienser utom paprika, gräddfil, majsmjöl, salt, peppar och nudlar i en 5,5-liters/9½-pints slow cooker. Täck över och koka på låg i 6 till 8 timmar. Tillsätt paprika och kombinerad gräddfil och majsmjöl, rör om i 2 till 3 minuter. Smaka av med salt och peppar. Servera över nudlar.

Maple Oatmeal V

Låt frukosten lagas medan du sover - det här är den bästa frukosten någonsin!

För 4 till 6 portioner

100g/4oz pinhead havre
1 liter / 1¾ pints vatten
175 g/6 oz lönnsirap,
75 g/3 oz torkad frukt, hackad
20 g/¾ oz smör eller margarin
½ tsk salt

Blanda alla ingredienser i slow cookern. Täck över och koka på låg i 6 till 8 timmar.

Flerkorns frukostflingor

En frukostflingor fylld med energigivande ingredienser som gör dig redo för nästa dag.

För 4 till 6 portioner

50 g/2 oz pinhead havre

25g/1oz havre

25g/1oz vetebär

1 liter / 1¾ pints vatten

175 g/6 oz lönnsirap,

75 g/3 oz torkad frukt, hackad

20 g/¾ oz smör eller margarin

½ tsk salt

40 g hirs eller quinoa

Blanda alla ingredienser, utom hirs eller quinoa, i långsamkokaren. Täck över och koka på låg i 6 till 8 timmar. Rosta hirsen eller quinoan i en liten stekpanna på medelvärme och rör ner i den långsamma kokaren. Täck över och koka på låg i 1 timme till.

Grov äppelmos

Utmärkt serverad varm eller kall, som tillbehör till kött, vilt eller fet fisk, eller som topping till puddingkakor.

För 6

1,5 kg/3lb äta äpplen, skalade och grovt hackade
150 ml / ¼ pint vatten
100 g/4 oz strösocker
mald kanel

Kombinera alla ingredienser, utom kanel, i långsam kokare. Täck över och koka på hög tills äpplena är mycket mjuka och bildar en sås när du rör om, 2 till 2 1/2 timme. Strö över kanel och servera.

Kronärtskockor med falsk hollandaisesås

Faux hollandaisesås är också bra serverad över sparris, broccoli eller blomkål.

För 4 personer

4 små hela kronärtskockor, stjälkarna borttagna
1 citron skuren i fjärdedelar
175 ml / 6 fl oz vatten
Faux hollandaisesås (se nedan)

Skär 2,5 cm av kronärtskockornas toppar och kassera. Pressa en citronklyfta över varje kronärtskocka och lägg dem i långsamkokaren. Tillsätt 2,5 cm/1 vatten i långsamkokaren. Täck över och koka på hög värme tills kronärtskockorna är mjuka (bladen i botten faller lätt av), 3½ till 4 timmar. Ta bort kronärtskockorna och täck med aluminiumfolie för att hålla dem varma. Häll bort vattnet i långsam kokare. Förbered sken-hollandaisesåsen och servera med kronärtskockorna för doppning.

Simulerad Hollandaisesås

Detta kan även göras på bänkskivan. Koka ingredienserna i en liten stekpanna på medelhög värme, rör om tills de är slät.

För 4 personer

175g/6oz mjuk ost, vid rumstemperatur
75 ml / 2 ½ fl oz gräddfil
3-4 matskedar lättmjölk
1-2 tsk citronsaft
½ – 1 tsk dijonsenap
en nypa mald gurkmeja (valfritt)

Lägg alla ingredienser i långsamkokaren. Täck och koka på hög tills osten smält och blandningen är varm, cirka 10 minuter, rör om en eller två gånger för att blanda.

Sparris i italiensk stil och vita bönor

Ett rejält tillbehör att servera till grillat eller stekt kött.

För 8 portioner

400g/14oz burk cannellinibönor, avrunna och sköljda
175 ml/6 fl oz grönsaksbuljong
400 g plommontomater, hackade
1 stor morot, hackad
1 tsk torkad rosmarin
450g/1lb sparris, skivad (5cm/2in)
salt och nymalen svartpeppar
225 g/8 oz linguine eller tunn spagetti, kokt, varm
25–50 g/1–2 oz nyriven parmesanost

Kombinera bönor, buljong, tomater, morot och rosmarin i långsamkokaren. Täck över och koka på hög värme tills morötterna är mjuka, ca 3 timmar, tillsätt sparrisen under de sista 30 minuterna. Smaka av med salt och peppar. Blanda med linguine och ost.

Franska bönor i grekisk stil

Färska bönor tillagas med tomater, örter och vitlök.

Serverar 8 till 10

450g/1lb franska bönor

2 400g/14oz burkar hackade tomater

1 hackad lök

4 vitlöksklyftor, krossade

¾ tesked torkad oregano

¾ tesked torkad basilika

salt och nymalen svartpeppar

Blanda alla ingredienser, utom salt och peppar, i långsamkokaren. Täck över och koka på hög tills bönorna är mjuka, cirka 4 timmar. Smaka av med salt och peppar.

Östfranska bönor

En fantastisk rätt att servera till kött eller fågel.

För 4 personer

275 g/10 oz franska bönor, halverade
½ hackad lök
¼ hackad röd paprika
2 cm/¾ bitar färsk ingefära, fint riven
2 vitlöksklyftor, krossade
120 ml / 4 fl oz vatten
150 g/5 oz konserverade svarta eller adukibönor, avrunna
50g/2oz skivade vattenkastanjer
1 msk risvinsvinäger
1-2 tsk tamari
salt och nymalen svartpeppar

Kombinera bönor, lök, paprika, ingefära, vitlök och vatten i långsam kokare. Täck över och koka på hög värme tills de franska bönorna är mjuka, ca 1 1/2 timme. Tömma. Tillsätt resten av ingredienserna, förutom salt och peppar. Täck över och koka på hög i 30 minuter. Smaka av med salt och peppar.

Fransk böngryta

Färska råvaror gör denna gamla favorit möjlig på ett hälsosammare sätt.

För 6

300g/11oz burk gräddsvampsoppa
120 ml gräddfil
50 ml/2 fl oz lättmjölk
275 g/10 oz frysta skivade franska bönor, tinade
salt och nymalen svartpeppar
½ kopp konserverad stekt lök

Blanda soppa, gräddfil och mjölk i långsam kokare. Tillsätt franska bönor. Täck över och koka på låg i 4 till 6 timmar. Smaka av med salt och peppar. Tillsätt löken precis innan servering.

Supreme gröna bönor

En lyxig variant av det tidigare receptet.

För 6

75 g/3 oz brun mösssvamp, skivad
1 msk smör eller olivolja
2 salladslökar, tunt skivade
300g/11oz burk gräddsvampsoppa
120 ml gräddfil
50 ml/2 fl oz lättmjölk
275 g/10 oz frysta skivade franska bönor, tinade
salt och nymalen svartpeppar
4 skivor knaperstekt bacon, smulad

Fräs svampen i smör eller olivolja tills de är mjuka. Blanda svamp, lök, soppa, gräddfil och mjölk i slowcooker. Tillsätt franska bönor. Täck över och koka på låg i 4 till 6 timmar. Smaka av med salt och peppar. Tillsätt baconet precis innan servering.

Santa Fe bakade bönor

Dessa bakade bönor är syrliga, söta och syrliga. Ändra mängden chili för din önskade nivå av kryddighet!

För 8 portioner

2 hackade lökar

½ poblano chile eller annan mild chile eller liten grön paprika, hackad

½ – 1 serrano eller jalapeño chile, finhackad

2 400g/14oz burkar pintobönor, avrunna och sköljda

100 g majs, tinad om den är fryst

6 soltorkade tomater (ej i olja), mjukade och skivade

2-3 matskedar honung

½ tsk malen spiskummin

½ tsk torkad timjan

3 lagerblad

salt och nymalen svartpeppar efter smak

50 g/2 oz fetaost, smulad

15 g/½ oz färsk koriander, finhackad

Kombinera alla ingredienser utom salt, peppar, ost och koriander i långsam kokare. Smaka av med salt och peppar. Täck över och koka på låg i 5 till 6 timmar, strö över ost och färsk koriander under de sista 30 minuterna.

Toskansk bönbaka

Cannellinibönor är citrondoftande och kryddade med soltorkade tomater, vitlök och örter i denna enkla bakning.

För 6

3 400 g/14 oz burkar cannellinibönor

250 ml/8 fl oz grönsaksbuljong

1 hackad lök

½ hackad röd paprika

2 vitlöksklyftor, krossade

1 tsk torkad salvia

1 tsk torkad rosmarin

2-3 tsk citronskal

6 soltorkade tomater (ej i olja), mjukade och skivade

salt och nymalen svartpeppar efter smak

Blanda alla ingredienser, utom salt och peppar, i långsamkokaren. Täck och koka på låg tills bönorna tjocknat, 5 till 6 timmar. Krydda med salt och peppar.

Brazilian Black Bean Bake

Brasiliens festliga smaker möts i denna oemotståndliga maträtt.

För 12 personer

4 hackade lökar

1 till 2 matskedar finhackad jalapeño eller annan medium het chilipeppar

2,5–5 cm / 1–2 stycken färsk rot ingefära, finriven

4 400g/14oz burkar svarta bönor, avrunna och sköljda

2 400g/14oz burkar hackade tomater

175 g/6 oz honung

100 g/4 oz ljust farinsocker

¾ tesked torkad timjan

¾ tesked mald spiskummin

salt och nymalen svartpeppar efter smak

½ mango, skivad

½ banan, skivad

Kombinera alla ingredienser utom salt, peppar, mango och banan i långsam kokare. Smaka av med salt och peppar. Täck och koka på låg tills bönorna tjocknat, 5 till 6 timmar. Toppa med mangon och banan innan servering.

Ginger bakade bönor

Långsam bakning ger godhet till denna speciella sött kryddade ingefära- och bönorrätt.

För 2 till 4 portioner

3 hackade lökar

5-7,5 cm / 2-3 i färsk ingefära, finhackad

3-4 vitlöksklyftor, krossade

4 400 g/14 oz burkar cannellinibönor, avrunna och sköljda

100 g/4 oz ljust farinsocker

175 g/6 oz beredd tomatsås

175 g / 6 oz gyllene sirap

1 tsk torrt senapspulver

1 tsk mald ingefära

1 tsk torkad timjan

¼ tesked mald kanel

¼ tesked mald kryddpeppar

2 lagerblad

nymalen svartpeppar, efter smak

50g/2oz pepparkakor, grovt krossade

Blanda alla ingredienser utom peppar och ingefärssmulor i slow cooker. Krydda efter smak med peppar. Täck över och koka på låg tills det tjocknat, ca 6 timmar, blanda i ingefärssmulorna under den sista timmen. Kasta lagerbladen.

Dijonbetor

Senap passar otroligt bra med den jordnära smaken av rödbetor. Du kan också prova olika senap, till exempel pepparrotsenap, fullkornssenap eller honung.

För 4 personer

450 g/1 lb rödbetor, skalade och tärningar (1 cm/½ tum)
1 liten lök finhackad
2 vitlöksklyftor, krossade
75 ml / 2½ fl oz gräddfil
1 msk majsmjöl
2 msk dijonsenap
2-3 tsk citronsaft
salt och vitpeppar efter smak

Kombinera rödbetor, lök, vitlök och gräddfil i långsamkokaren. Täck över och koka på hög värme tills rödbetorna är mjuka, ca 2 timmar. Tillsätt den kombinerade majsmjöl, senap och citronsaft, rör om i 2 till 3 minuter. Smaka av med salt och peppar.

Rödbetor med honung

Rödbetor är lätta att skala om de tillagas med skalet på; Skölj bara med kallt vatten så kan huden tas bort. Koka dem sedan igen i en sötsur blandning med nötter och torkad frukt.

För 6

700 g / 1½ lb medelstora rödbetor, oskalade

450 ml / ¾ pint varmt vatten

½ rödlök, mycket finhackad

2 vitlöksklyftor, krossade

40g/1½ oz vinbär eller russin

3-4 matskedar rostade valnötter

75 g/3 oz honung

2-3 msk rödvinsvinäger

1 msk smör

salt och nymalen svartpeppar efter smak

Kombinera rödbetor och vatten i långsam kokare. Täck och koka på hög tills rödbetor är mjuka, 2 till 2 1/2 timme. Tömma. Skala rödbetan och skär den i 2 cm / ¾ tärningar. Kombinera rödbetorna och resten av ingredienserna, förutom salt och peppar, i långsamkokaren. Täck över och koka på hög i 20 till 30 minuter. Smaka av med salt och peppar.

Sockerglaserad brysselkål och vårlök

Små picklade lök smakar gott till brysselkål i denna enkla rätt. För snabb skalning, blanchera först löken i kokande vatten i 1 minut.

För 4 till 6 portioner

225 g/8 oz små brysselkål, halverad om den är stor
225g/8oz vårlök
375 ml / 13 fl oz varmt vatten
15 g/½ oz smör
50 g/2 oz strösocker
salt och vitpeppar efter smak

Kombinera brysselkål, lök och vatten i den långsamma kokaren. Täck över och koka på hög värme tills de är mjuka, cirka 2 timmar. Tömma. Tillsätt smöret och sockret. Täck över och koka på hög värme tills de är glaserade, cirka 10 minuter. Smaka av med salt och peppar.

Kål stuvad i vin

Aromatiska anis- och kumminfrön, med knaprig kokt bacon, tillför en dimension av smak till kålen.

För 4 till 6 portioner

1 vitkål, tunt skivad

2 små lökar, hackade

½ hackad grön paprika

3 vitlöksklyftor, krossade

½ tsk kummin, krossade

½ tesked anisfrön, krossade

50 ml/2 fl oz grönsaksbuljong

50 ml/2 fl oz torrt vitt vin

2 rashers bacon, tärnade, kokta tills de är knapriga och avrunna

salt och nymalen svartpeppar efter smak

Blanda alla ingredienser utom bacon, salt och peppar i långsam kokare. Täck och koka på hög tills kålen är mjuk, 3 till 4 timmar. Tillsätt baconet. Smaka av med salt och peppar.

Gräddkål

Ett bra tillbehör till söndagssteken, speciellt fläsk, men även vegetariska nötstek.

För 4 till 6 portioner

1 vitkål, tunt skivad

2 små lökar, hackade

½ hackad grön paprika

3 vitlöksklyftor, krossade

½ tsk kummin, krossade

½ tesked anisfrön, krossade

50 ml/2 fl oz grönsaksbuljong

50 ml/2 fl oz torrt vitt vin

120 ml gräddfil

1 msk majsmjöl

salt och nymalen svartpeppar efter smak

Blanda alla ingredienser utom gräddfil, majsmjöl, salt och peppar i långsam kokare. Täck och koka på hög tills kålen är mjuk, 3 till 4 timmar. Tillsätt den kombinerade gräddfilen och majsmjölet. Täck över och koka på låg i 5 till 10 minuter. Smaka av med salt och peppar.

Morotspuré med ingefära

Denna traditionella franska grönsakspuré kan enkelt tillagas i långsamkokaren. Den har en intensiv smak och sammetslen konsistens.

Serverar 6 till 8

900g/2lb morötter, skivade
350g/12oz mjölig potatis, skalad och tärnad
250 ml / 8 fl oz vatten
15–25 g / ½ – 1 oz smör eller margarin
50–120 ml / 2–4 fl oz lättmjölk, varm
½ tesked mald ingefära
salt och nymalen svartpeppar efter smak

Kombinera morötter, potatis och vatten i långsam kokare. Täck över och koka på hög värme tills grönsakerna är väldigt mjuka, ca 3 timmar. Dränera väl. Bearbeta morötter och potatis i en matberedare eller mixer tills de är slät. Återgå till långsam spis. Koka på hög värme utan lock tills blandningen är mycket tjock, cirka 30 minuter, rör om då och då. Vispa ner smör eller margarin och tillräckligt med mjölk i blandningen för att få en krämig konsistens. Tillsätt den malda ingefäran. Smaka av med salt och peppar.

Blomkål och fänkålspuré

Det enklaste sättet att förbereda blomkål är att dela den i små buketter.

Serverar 6 till 8

900g/2lb blomkål, skivad
350g/12oz mjölig potatis, skalad och tärnad
250 ml / 8 fl oz vatten
15–25 g / ½ – 1 oz smör eller margarin
50–120 ml / 2–4 fl oz lättmjölk, varm
1–1½ tsk krossade kummin eller fänkålsfrön
salt och nymalen svartpeppar efter smak

Blanda blomkål, potatis och vatten i långsam kokare. Täck över och koka på hög värme tills grönsakerna är väldigt mjuka, ca 3 timmar. Dränera väl. Bearbeta blomkål och potatis i en matberedare eller mixer tills det är slätt. Återgå till långsam spis. Koka på hög värme utan lock tills blandningen är mycket tjock, cirka 30 minuter, rör om då och då. Vispa ner smör eller margarin och tillräckligt med mjölk i blandningen för att få en krämig konsistens. Tillsätt fänkåls- eller kumminfrön. Smaka av med salt och peppar.

www.ingramcontent.com/pod-product-compliance
Lightning Source LLC
Chambersburg PA
CBHW071833110526
44591CB00011B/1305